Peter Forrest

Kap Hoorn

Sturm und Leidenschaft

Erste Auflage

Umschlaggestaltung: Verlagshaus AH Tales and Stories

Lektorat: Verlagshaus AH Tales and Stories,

Bibliografische Information der Deutschen Nationalbibliothek: Die Deutsche Nationalbibliothek verzeichnet diese Publikation in der Deutschen Nationalbibliografie; detaillierte bibliografische Daten sind im Internet über dnb.dnb.de abrufbar.

Herstellung und Verlag: AH Tales and Stories S.L.

ISBN 978-84-946673-9-8

Inhalt

Boston
NEW YORK
USA
Port Canaveral
Fort Lauderdale
Atlantischer Ozean
San-Blas-Inseln (Panama)
Panamakanal
Manta
Ecuador
Salaverry (Trujillo)
Callao (Lima)
Peru
Pazifischer Ozean
Coquimbo (La Serena)
Argentinien
Valparaíso (Santiago)
BUENOS AIRES
Montevideo (Uruguay)
Chile
Puerto Montt
Puerto Chacabuco
Ushuaia
Punta Arenas

Alle in diesem Buch geschilderten Handlungen und Personen sind frei erfunden. Ähnlichkeiten mit lebenden oder verstorbenen Personen wären zufällig und nicht beabsichtigt. Die Kreuzfahrt und die Häfen hat der Autor selbst besucht.

Von New York bis Cape Canaveral

An einem Mittwochabend gegen 20:00 Uhr New Yorker Zeit empfing ihn New York dieses Mal wiederum freundlich, aber irgendwie verändert. Mehr als 20 Jahre war er nicht mehr hier. Immer wieder hatte er einen geplanten Besuch verschoben, seitdem seine über alle und alles geliebte Frau nach kurzer, tückischer Krankheit noch sehr jung von ihm gegangen war. Die wunderschönen Erinnerungen an ihre gemeinsame Zeit hier und anderswo in der Welt hätten ihn allzu sehr bedrückt. Nun hatte er eine Kreuzfahrt von Boston nach Buenos Aires um das Kap Hoorn herum zum Anlass genommen, drei Tage New York in eigener Regie voranzustellen. Er war sehr darauf bedacht, die Spuren der Vergangenheit nicht zu kreuzen, fand in einem kleinen Hotel in Queens Unterkunft. Es lag nahe genug zu Manhattan, was er mit der U-Bahn schnell erreichen konnte. Die U-Bahn war gerade richtig, denn er suchte die Gegenwart von Menschen. Auch außerhalb der verkehrsreichen Zeiten war dieses Verkehrsmittel für ihn die geeignete Wahl.

Die Menschen waren wie in der Vergangenheit freundlich und selbstbewusst, sogar sehr selbstbewusst über alle Gruppierungen hinweg. Er hatte den Eindruck, dass sich das amerikanische Völkergemisch immer mehr zugunsten seines asiatischen Anteils veränderte, auch zu Lasten der dunkelhäutigen Bevölkerung, wie er während der wenigen Tage bemerkte. Sehr gepflegte schwarze Amerikaner nahm er wahr, aber ebenso schick und modern Gekleidete asiatischen Ursprungs. Das „Gesicht" des Durchschnitts-amerikaners veränderte sich. Er ist dunkler geworden, feiner mit einem chinesischen Hauch, dazu selbstbewusster, ernsthafter und weltoffener. So schien es ihm. Offensichtlich hatten die Katastrophe des 11. September und später die „Yes we can"-Haltung des neuen Präsidenten viel dazu beigetragen. Ground Zero musste er unbedingt besuchen.

So begann er den Donnerstag mit einem Besuch der St. Pauls Chapel sehr nahe am Zentrum des furchtbaren Anschlags, nicht nur für die Amerikaner, sondern für die gesamte Welt. Fassungslos stand er vor der vom Brand gezeichneten Uniform eines Feuerwehrmannes und vor der Flag of Honor mit den fast 3000 Namen der ums Leben Gekommenen. In großer Betroffenheit ging er zusammen mit vielen anderen Besuchern aus aller Welt über den Friedhof der Chapel in Richtung der riesigen Baustelle am Ground Zero, erwarb einen Visitorpass und gelangte nach aufwändigen Sicherheitsuntersuchungen in den nun mehr als 10 Jahre nach dem terroristischen Anschlag zugänglichen Teil der späteren Gedenkstätte. Die Menschen aus aller Welt und jeden Alters wirkten äußerst gefasst und sehr diszipliniert. Sehr, sehr viele von ihnen versammelten sich längs der Begrenzungsmauern um die beiden gewaltigen Wasserfälle, die an den früheren Standorten der zerstörten Türme angelegt worden waren. Sie betrachteten und studierten die langen Namenslisten der Verunglückten und erschauerten wie er im Bewusstsein der furchtbaren Minuten des Anschlags am 11.September und des Schicksals jedes Einzelnen, dessen Name eingraviert war. Sein Blick schweifte um das Gebäude herum auf die angrenzende unversehrt gebliebene Bebauung, die seiner Meinung nach wie durch ein Wunder verschont geblieben war. Die beiden Wasserfälle standen im Herzen des schwer getroffenen, aber längst wieder im neuen Aufbruch sich selbstbewusst findenden New York, vereint mit der Welt. Doch die furchtbaren Einzelschicksale würden nie vergessen sein. Immer wieder sah er an der Mauer die Betroffenheit der Besucher, sicherlich auch persönliche Betroffenheit. Aber er fühlte eine neue Kraft heranwachsen, die nach oben wächst, so wie die Wasserfälle stetig in die Tiefe stürzen. Die von ihm wahrgenommene Selbstbewusstheit und Selbständigkeit trug keine rachsüchtigen Züge, sie baute auf alle ehrlichen und friedliebenden Menschen, ohne Rücksicht auf ihre Herkunft.

Ein großer Strom von neuen Besuchern kam ihm entgegen, während er die Ausstellung, hindurch durch gut abgesicherte Baustellen mit riesigem Baugerät, um eine große anhaltende Erfahrung reicher, wieder verließ. Das Herz von New York City wird bald wieder kräftig schlagen wie nie zuvor. Seltsamerweise spürte er, wie er nach und sicher auch durch den Besuch von Ground Zero mit seinem eigenen im Verhältnis zum hier Erfahrenen eher bescheidenen Unglück irgendwie besser umgehen konnte. Das gewaltige Ausmaß des Leids, welches Tausende von Menschen erfuhren, überdeckte sein eigenes mehrfach. Er fühlte die Kraft der Menschen um sich herum, der New Yorker Bevölkerung an der Seite der Bauarbeiter, die in schwindliger Höhe ihre artistische Arbeit vollbracht haben und gerade unten am Boden eine Kaffeepause genossen. Ringsum spürte er das Bemühen der Menschen, mit diesem Leid fertig zu werden, zu wachsen und zu neuen

Ufern aufzubrechen. In dieser Aufbruchsstimmung verließ er New York am nächsten zeitigen Morgen mit dem Greyhound-Express in Richtung Boston.

Viel Zeit hatte er in Boston nicht. Er fuhr mit einem Taxi geradewegs in den Hafen zum Schiff und erlebte ein zügiges und deshalb sehr schnelles Einchecken. Die netten älteren Damen und Herren, die diesen Vorgang begleiteten, passten gut zur Altersstruktur der Passagiere, die er in den nächsten Tagen und Wochen um sich herum haben würde. Als „Mittfünfziger" verlebte er diese Zeit im Grunde zusammen mit der Generation seiner Eltern. Unter ihnen waren natürlich auch Singles, Männer wie Frauen, integriert in befreundete Gruppen, aber auch solo. Das Bordleben verlief so ruhig, wie sich der Atlantik an der Ostküste der USA in diesen Tagen präsentierte. So hatte er während der beiden Tage auf See bis zum Hafen Cape Canaverals viel Zeit zur Besinnung und Aufarbeitung seiner Vergangenheit. Und er würde sie sich nehmen. Den wenigen „lauten" Angeboten wich er aus, nahm sich einige Bücher aus der Bordbibliothek und las, hin und wieder unterbrochen von Zeit greifenden Rundblicken über das ruhige Meer. Natürlich waren auch die üppigen Mahlzeiten willkommene Unterbrechungen seiner

Studien.

Zu den gemütlichsten Stunden auf jeder ihrer Kreuzfahrten zusammen mit seiner Frau zählten die festlichen Gala-Abende. Der Gaumen wurde durch die herausragende Küche verwöhnt, die Augen durch die festliche Kleidung der Damen und Herren Passagiere, welche die schmucke Tracht der Schiffsbesatzung in den Schatten stellte. Besonders seine Frau, aber auch er reihten sich da nahtlos ein. Es war einfach eine tolle Gelegenheit, mal etwas „Feines“ zu tragen. Auch diesmal war er bestens darauf vorbereitet. Am Tag leger, am Abend festlich, das passte. Glücklicherweise wurde diese Ansicht von den Passagieren geteilt. Ausrutscher waren ihm bisher am Abend noch nicht aufgefallen.

Sein „State -Room“, eine Außenkabine, lag auf der Steuerbordseite. Wenigstens von der Ostküste der USA wollte er sozusagen vom Bett aus einiges sehen. Die Praxis aber geriet anders. Nur selten schaute er durch sein Kabinenfenster auf Meer und Küste. Vielmehr genoss er es, in einem der bequemen Sessel eines der einladenden Clubräume unmittelbar am Fenster zu sitzen, um dort zu lesen oder den Blick einfach in die Weite schweifen zu lassen. So hielt er es auch in den Restaurants, vornehmlich auf dem obersten „Gastronomie-Deck", in denen er tagsüber angemessene lustvolle Kleinigkeiten an einem „Platz mit Meerblick" einnahm. Abends hatte er einen Fensterplatz. Der Meerblick war dann aber wegen der einbrechenden Dunkelheit ein imaginärer.

Die Passagiere, die mit ihm allabendlich an seinem Tisch diesen imaginären Blick teilten, waren durchweg und ohne Zweifel nett. Es waren ein deutsches Ehepaar etwa in seinem Alter, welches mit dieser Kreuzfahrt offensichtlich das Geschenk zum 80-sten Geburtstag für ihre noch sehr lebendige Mutter einlöste und eben diese Mutter. Alle drei waren meist mit sich selbst beschäftigt, was ihm sehr entgegen kam. Es imponierte ihm, wie liebevoll sie mit ihrer Mutter umgingen und welche Dankbarkeit sie von ihr empfingen. Das war ihm und seiner Frau leider versagt geblieben, dachte er traurig.

In den Tagesrestaurants gab es, soweit er das noch wusste, keine festen Platzierungen. Man suchte Zeit und Platz nach eigenen Wünschen. Und so kam es an seinem dritten Tag zu einer Unterbrechung des monotonen Tagesablaufs, die ihn unerklärlicher Weise festhielt. Er hatte sein nach eigenen Wünschen zusammengestelltes vegetarisches Sandwich gerade eben aufgegessen und trank seinen regulären schwarzen Tee, als er in einer Traube von einer Bordveranstaltung kommender Passagiere eine junge Frau entdeckte, die ihm schon allein durch ihr jugendliches Aussehen auffiel und irgendwie bekannt vorkam. Bei ihrem Gang entlang des Selbstbedienungstresens wurde sie immer wieder von nachdrängenden und schubsenden Passagieren, wohl deutschen, verdeckt und hatte offensichtlich vor, das gesamte Angebot zunächst einmal in Augenschein zu nehmen. Das vergrößerte die Distanz zwischen ihm und ihr stetig. Er glaubte schon, sie wäre am Ende des Tresens untergetaucht und wollte sich durch ungebührliches neugieriges Aufstehen bessere Sicht verschaffen, als sie wie aus dem Nichts mit einem mäßig gefüllten Teller wieder erschien. Mehr konnte er nicht erkennen. Sie nahm einige Tische von ihm entfernt Platz. Leider saß sie so, dass er je nach Takt der wiegenden Körper zwischen ihnen unschickliche Bewegungen nach links und rechts machen musste, um sie zu schauen. Was, so dachte er, bringt dich eigentlich aus der Fassung, was fasziniert dich an dieser Frau so nachdrücklich? Gut, sie war etwas jünger, vielleicht vierzig, als dunkler Typ die heutige Durchschnittsamerikanerin seiner Nomenklatur, also mit einem kleinen fernöstlichen Einschlag, sagen wir „thailändische“ Amerikanerin. Sie war schlank, groß und trug ihr Haar streng und dicht am Kopf. Er meinte zu sehen, dass sie sehr traurig um sich blickte an ihrem Platz mit den vier Stühlen, von denen drei unbesetzt blieben. Jedenfalls gehörte sie wohl nicht zu jener lärmenden Gesellschaft, war sicher auch nicht deren Reiseleiterin. Sie geriet wohl zufällig dazwischen.

Eine leichte Schlängelbewegung des Schiffes gab ihm Gelegenheit, erneut einen offenen Blick in ihre Richtung zu wagen, weil die störenden Oberkörper gerade auseinander schwangen. In diesem Moment wusste er plötzlich, als sie gerade tatsächlich weithin traurig den Kopf zum Teller wendete, wo er sie seiner Meinung nach schon einmal gesehen hatte. Es war in New York an einer der Namensmauern im Ground Zero um den „Süd“-Wasserfall herum. Sie hatte verzweifelt ihren Kopf auf die über der Granitmauer liegenden Arme gelegt, offensichtlich von der Erinnerung an einen der genannten Verstorbenen so ergriffen, dass sie ihrer Gefühle nicht mehr Herr wurde und ihnen freien Lauf gab. Er hatte das alles gesehen und sich geschämt, dies länger als den

Bruchteil einer Sekunde wahrgenommen zu haben. Schuldbewusst hatte er sich abgewandt und in den Strom der Besucher eingereiht. Ohne Zweifel, das ist diese Frau. Und es ist ein geradezu übersinnlicher Zufall, dass sie sich nun zum zweiten Mal begegneten. Sie war voll und ganz auf ihr kleines Mahl konzentriert, flüchtige Aufblicke wirkten gequält. Doch das waren alles nur vage Feststellungen, denn die Distanz war einfach zu groß. Er überlegte einen Augenblick, ob er seinen gegenwärtigen Standort so verändern konnte, dass er näher an die traurige Unbekannte herankam und hielt nach Möglichkeiten Ausschau. Es boten sich einige, doch zu spät! Vom Ziel seines Interesses war nichts mehr zu sehen. Wiederholt tauchte sie im Strom der Tresen-Besucher unter und kehrte diesmal nicht zurück.

Für den Tag in Cape Canaveral hatte er sich fest vorgenommen, das KSC (Kennedy Space Center) zu besuchen. Von früher noch wusste er, dass man dieses Ziel vom Hafen aus auf keinen Fall zu Fuß erreichen konnte. Der angebotene Landausflug wiederum war ihm zu teuer. Er hoffte darauf, Mitfahrer zu finden, um gemeinsam ein Taxi zu nehmen. Diese Hoffnung wurde erfüllt. Zusammen mit einem deutschen Dirigenten, einem Lehrerehepaar und

einer Amerikanerin nahm er das Angebot wahr, zum Space Center gebracht zu werden. Es war im Vergleich zu den offiziellen Angeboten günstig genug. Viele Passagiere hatten jedoch sicher aus Bequemlichkeitsgründen den offiziellen Weg gewählt und schon sehr zeitig das Schiff verlassen.
Seine intensive Erwartung, die Unbekannte in einer der offiziellen Gruppen zu treffen, erfüllte sich nicht. Dafür wurde er durch die imposanten Angebote im Space Center vollends entschädigt. Die Präsentation der verschiedenen Raketen und der zugehörigen technischen Daten, ihr Einsatz- beziehungsweise Konstruktionsjahr und die Gesamtdarstellung der historischen Entwicklung waren ihm seit dem ersten Besuch zusammen mit seiner Frau vor mehr als 25 Jahren noch geläufig. Aber die Liste der historischen Ereignisse, der heutige Stand der technischen Entwicklung und die Erfolge vor allem der amerikanischen Wissenschaftler und Astronauten hatten sich immens erweitert.

Auffallend verändert war die Darstellung der Beziehungen zwischen Amerikanern und Russen, beginnend zu Zeiten des „kalten Krieges“ und den beinahe kriegerischen Auseinandersetzungen während der Cuba-Krise bis hin zur gemeinsamen Nutzung der Weltraumstationen. Er sah beeindruckende und zugleich beruhigende 3D-Bilder, wie Astronauten und Kosmonauten zusammen Arbeit im Weltall leisteten. Der Gedanke an einen Wettlauf um die bessere Position im erdnahen Weltraum kam ihm beim Betrachten der verschiedenen Ausstellungen nicht. Und doch drängte sich ihm irgendwie eine Überlegenheit der Amerikaner auf. Nicht das Mondprogramm, nicht die Shuttleflüge und die gewaltigen Dimensionen in der Größe und Ausrüstung der Raketen zu den einzelnen Programmen, nicht die Groundiose Leistung, über speziell entwickelte Fahrzeuge und anderes Gerät, Daten, Bilder und sogar Gesteinsuntersuchungen von Mond und Mars über gewaltige Entfernungen zur Erde zu senden, waren für ihn äußerst beeindruckend. Es war vor allem die ungemein objektive Darstellung und das Bemühen der Verantwortlichen, die Geschehnisse den Besuchern hautnah zu präsentieren, sie sozusagen an den Erfolgen teilhaben zu lassen, auch im Gedenken an die Verunglückten. Jeder Amerikaner musste mit Stolz erfüllt sein, wenn er diese Ausstellungen sah, so wie es ihn selbst stolz auf die menschlichen Fähigkeiten und Leistungen machte. Er dachte an seine Beobachtungen in NY zurück und fand bestätigt:

„Yes we can! "

Hurrikan „Daisy“

Eine Hurrikan-Warnung erreichte den Kapitän. Der südöstliche Kurs in Richtung Panama-Kanal von Cape Canaveral aus mit letztem Zwischenstopp in Fort Lauderdale musste durch einen westlicheren zwischen Kuba und Cancun hindurch ersetzt werden. Der Aufenthalt in Fort Lauderdale wurde dadurch eine Stunde kürzer, reichte aber bequem aus, um sich einen knappen Überblick über die Promenaden, Strände und einen Teil der Downtown zu verschaffen. Er fuhr mit dem Taxi ein Stück in den Las Olas Boulevard hinein, zahlte 18$ und ging in aller Ruhe den Weg zum Hafen über den Boulevard und die Strandpromenade an der aktuellen Bootsausstellung vorbei zum Schiff zurück. Die späte Oktobersonne brannte unerbittlich, er hätte Vorsorge treffen sollen. Das „Venedig Amerikas“ machte diesem Namen alle Ehre. Fantastische Villen mit exotischen Gärten säumten die einzelnen Kanäle. Man erreichte diese auf der einen Seite mit dem Luxuswagen über die Straße, auf der anderen über bequeme Bootsanlegestege. Boote allerdings sah er seltener. Meist parkten weiße Yachten vor den Grundstücken, von den Bediensteten auf Hochglanz gebracht. Einen kurzen Augenblick überlegte er, ob in den hier und da ausgeschriebenen Preisen der Villen ab 1,5 Millionen Dollar diese „Fahrzeuge“ mit erworben werden könnten.

Es war eine zum Ozean hin offene Luxuswelt, frei von jeglichen räumlichen Zwängen. In Miami-Beach hatte er damals mit seiner Frau ein solches, wenn auch etwas kleineres Anwesen mit Boot, für eine Woche mieten können. Beide hatten sie etwas von dieser amerikanischen Lebensweise in Florida gespürt. Mit Wehmut dachte er daran. Doch diese wunderbaren Erinnerungen konnte ihm niemand nehmen.

Auf dem Schiff war heute ungewohnte Enge. In Fort Lauderdale stiegen für die Passage durch den Panama-Kanal bis Valparaíso weitere Passagiere zu. Die größeren Menschentrauben an den Tresen und Getränkeständen ließen sich jedoch wegen seiner Kenntnis der Raumaufteilung des 1996 gebauten Schiffes umgehen. Leicht fand er wie immer einen Platz an den großen Panoramascheiben mit Blick über den Atlantik auf die vorbeiziehenden Silhouetten von Fort Lauderdale, Hollywood-Beach und Miami-Beach, die langsam im Dunst der Abenddämmerung verschwanden. Es schwand auch seine Hoffnung, die Unbekannte auf dem Schiff wiederzusehen. Sicher war sie in Fort Lauderdale als eine von wenigen Passagieren von Bord gegangen.

Zwei Tage auf See lagen vor ihm. Nach seinen früheren bescheidenen Kreuzfahrterfahrungen mit seiner Frau im Mittelmeer ist ein Seetag eher langweilig und bestenfalls geeignet, Schlaf nachzuholen und Reiseutensilien zu ordnen. Er hatte sich geirrt, denn das Angebot an Tages- und Abendveranstaltungen reizte ihn sehr wohl. Er besuchte Computerkurse zur Bildbearbeitung, vertiefte seine Kenntnisse über die zu besuchenden südamerikanischen Länder in der umfangreichen Bibliothek und am Abend die Showveranstaltungen im großen Theater. Das Casino verlockte ihn nicht, wohl aber das Schachspiel im geräumigen Spielzimmer. Es war leicht, unter den zirka 1500 Passagieren einen Mitspieler zu finden. Natürlich fiel ihm während des Spiels Stefan Zweig ein. Nicht etwa wegen seiner späten Schachnovelle, sondern vor allem wohl, weil dieser auf einer ähnlichen, weniger komfortablen Schiffsreise die Idee zu seinem Roman über Magellan erhielt. Sein heutiges Schachspiel war für ihn sozusagen nur der Anstoß zu dieser Erinnerung an Zweig. Vor allem anderen jedoch genoss er die Möglichkeit, sich auf dem Jogging-Pfad auf Deck 6 sportlich zu betätigen.

Schon am vergangenen Tage erlebte er während einer seiner zügigen Wanderungen entlang des Pfades eine Überraschung. Unter einigen Joggern vor ihm erblickte er die traurige Unbekannte, die wie er und alle anderen Jogger ihren Rundgang absolvierte, alle hintereinander und alle in einer Richtung. Selbst die unschuldigen nur lustwandelnden Passagiere, die sicher nur neugierige Blicke über die Reling aufs Meer werfen wollten, nahmen Umwege in Kauf, nur um sich ebenso in diese Richtung fortzubewegen. Es war eine ähnliche Situation wie beim ersten Mal im Restaurant. Menschen versperrten Blick und Weg. Doch diesmal war er nicht an seinem Platz gefesselt, ganz im Gegenteil. Er konnte mit raumgreifenden Schritten und auf kurvenreichen Linien seiner Erspähten immer näher kommen, bis sie sich praktisch wenige Meter vor ihm befand. Hoffentlich würde sie nicht hinter einer der vielen Decktüren verschwinden, dachte er plötzlich. Dann wäre wieder alles verloren. Glücklicherweise aber ging sie zügig und wie er sah, mit allerliebst wiegenden Hüften und sportgerecht rudernden Armen vor ihm her, hin und wieder einen schnellen Blick auf das ruhige Meer werfend. Die Kopfwendungen waren zu schnell. Dadurch hatte er keine Gelegenheit, ihr Profil genauer auszumachen. Also musste er sie ein- und überholen. Er nahm sich vor, diesen Überholvorgang durch höfliche Entschuldigungen und Einräumung bequemer Sicherheitsabstände so auszudehnen, dass er nun Gelegenheit hatte, ihr erstmals aus der Nähe in ihr ernstes Gesicht zu schauen und vielleicht sogar irgendeine Redensart austauschen zu können. Also beschleunigte er und bremste sofort wieder, weil ein Profi auf der falschen Seite gerade ihn überholte, sich einige Zeit an sie heftete, bald aber federnd enteilte. Inzwischen waren die anderen „Wanderer" etwas zurückgefallen, so dass er sein geplantes Manöver in Angriff nehmen konnte. Er setzte zur Überholung auf der rechten Seite an. Das Schiff machte gerade wieder eine Schlängelbewegung. Sie hätte ihn beinahe zwischen ihrem aus hinterer Sicht elastischen Körper und der Reling eingequetscht. Dabei blickte sie ihn erschrocken an und äußerte wohl eine Entschuldigung in einer ihm unbekannten Sprache, den Überholweg für ihn postwendend freigebend. Er nutzte ihn wie der schon entschwundene Profi, denn sie war zwar eine Frau, auch hatte sie fernöstliche Züge, aber diese und ihre gesamte Vorderansicht passten ganz und gar nicht zu seiner verklärten Erinnerung. Sie war es nicht! Voller Enttäuschung wählte er die nächste Decktür links, ihren Jogging Weg ein zweites Mal kreuzend, um schnellstmöglich im Inneren des

Schiffes zu verschwinden. In seinem State-Room grübelte er länger darüber nach, wie es zu einer solchen Täuschung kommen konnte.

Bis zum festlichen Dinner blieb noch etwas Zeit zur Erholung. Er nutzte sie zur ausgiebigen Körperpflege und besonders auffälliger textiler Ausstattung. Wozu hatte er sonst sein weißes Dinnerjacket und die schwarzen Lackschuhe dabei? Auch gab er dem drängenden Wunsche nach, eine gelbe Fliege kunstvoll umzubinden. Simultan dazu verfolgte er den neuen Kurs des Schiffes westlich um Kuba herum in Richtung auf die St. Blas Inseln und hörte über eine Ansage des Kapitäns, dass der drohende Hurrikan umschifft werden konnte. Gleichzeitig aber brachte der vom Schiff aus erreichbare Nachrichtensender Berichte über die furchtbaren Auswirkungen des Hurrikans „Daisy“ in der Karibik und im Osten der Vereinigten Staaten. Viele Tote waren schon zu beklagen. „Daisy“ näherte sich New Jersey und New York, wo er besonders im Stadtteil Queens schlimme Schäden verursachte, eben dort, wo er vor wenigen Tagen noch Unterkunft gefunden hatte. Beschämt dachte er an sein geringfügiges Missgeschick im Vergleich zu diesen Naturkatastrophen.

Am heutigen Seetag hatte er sich vorgenommen, Bett und State-Room nur im Notfall zu verlassen. Lesen wollte er alles, was er sich aus der Bibliothek ausgeliehen hatte, und weiterhin über den Flachbildschirm verfolgen, wie die Amerikaner sich vor „Daisy“ schützen könnten. Doch auch dieses gewaltige Land war letzten Endes machtlos gegenüber den Naturgewalten. Es kam zu großen Stromausfällen, Stilllegungen von Verkehrsverbindungen, Schulausfall und anderen einschneidenden Konsequenzen im kulturellen und politischen Leben. Immer wieder sagte er sich, welches Glück sie doch insbesondere wegen der umsichtigen Navigation des Kapitäns hatten, dem Hurrikan auszuweichen. Aber seine Stimmung war trotz der bisherigen beeindruckenden Reiseerfahrung gedrückt. Er versteckte sich unter seiner Decke, um Ruhe zu finden, steckte wie „Vogel Strauß den Kopf in den Sand“. Natürlich half es nicht. Das Leben ging weiter, „Yes we can!“. Sich im State-Room zu verstecken, ist auch keine Lösung. Wieder teilnehmen am Leben, das musste er!

Zum Auftakt der Realisierung dieses Vorhabens blickte er aus seinem Kabinenfenster hinaus aufs Meer, in der Hoffnung, schon einige der Inseln zu sehen. Unmöglich, denn erst morgen würden sie gegen Mittag die San Blas Islands erreichen. Sein Blick fiel auf die vorbeihuschenden Jogger und auf die Liegen, die jeder Kabine auf diesem Deck zur Verfügung standen. Der Gedanke war naheliegend, eine solchen nun zu beanspruchen, um auf ihr an der frischen Luft bequem zu lesen und Teil seiner lebendigen Umgebung zu sein. So verließ er seinen Raum doch, erfuhr allerdings vom verantwortlichen Boy, dass zurzeit alle Liegen ausgeliehen wurden. Außerdem stünde doch eine vor seinem Kabinenfenster. Diese aber war belegt durch blaugraue Handtücher, Zeitschriften, einem Buch und einigen Textilien. Verschnupft ging er wieder in seine Kabine, in der festen Absicht, den Übeltäter und Verletzter seines Grundstückes „in flagranti" zu erwischen. Wer weiß, wie lange die genannten Utensilien schon aus „Blockadezwecken" auf seiner Liege lagen! Am liebsten hätte er seine Nase von innen an die Scheibe gedrückt, um ja nichts zu verpassen und in der Sicherheit, dass man von außen nicht in seine Kabine schauen kann. Trotzdem zuckte er zurück, als sich eine Person auf „seiner" Liege niederließ. Gegen die gleißende Nachmittagssonne erkannte er blinzelnd, dass es eine Frau war, die weitere Dinge des täglichen Bedarfs auf seinem Territorium ausbreitete, um sich dann wie ein Hündchen, das erst einige Male um seine Schlafstelle herumschleicht, bis es sich legt, räkelnd nieder zu lassen. Das alles ging dem Zornigen durch den Kopf, als er einen Blick durch die Fensterscheibe auf ihr seitliches Profil warf. Er traute seinen Augen nicht, es war SIE! Vor Aufregung rutschte er mit dem Ellenbogen von seinem Fensterbrett ab, so dass sein Kopf beinahe mit der Scheibe unmittelbare Bekanntschaft machte. Alles, was er über den Grenzverletzer und Eroberer seines Territoriums gedacht und für seine Rache geplant hatte, war verflogen. Es kehrte sich geradezu ins Gegenteil! Er hatte doch nur seine Liege als Falle aufgestellt, und sie war hinein getrippelt.

„Wie schön, gnädige Frau“, würde er sagen, „dass Sie meine triste Liege mit Leben füllen und so verschönern. Bleiben Sie, so lange Sie wollen!
Es wäre mir eine Ehre, wenn ich Ihnen......“

Nichts dergleichen sagte und tat er, vielmehr hockte er weiter auf dem Bett und schaute durch die Scheibe auf die Frau herab. Die Sonne war etwas weiter westlich gewandert, er konnte besser sehen. An den zunehmend weniger bekleideten Passanten erkannte er, dass es draußen ergiebig warm sein musste. So ist das eben, wenn man sich dem Äquator nähert.

Die traurige Frau auf seiner Liege spürte das sicher viel mehr als er hier in seinem klimatisierten State-Room. Zunächst legte sie ihr T-Shirt ab, um sich aber schnell eines der blauen Handtücher umzuhängen, scheu nach rechts und links blickend, weil sie darunter offensichtlich nichts weiter als einen BH trug. Fasziniert schaute er über ihre Schulter auf den braunen Busenansatz und die vom wenigen Textil mühsam beherrschten Rundungen. Sie fingerte in ihrem Kleidervorrat auf seiner Liege und griff nach einem Bikini. Sie wird doch nicht? Doch, sie wird. Schneller, als er überhaupt spekulieren konnte, hatte sie unter dem Handtuch den BH entfernt und legte sich das Bikinioberteil an. Aber nicht schnell genug, um zu verhindern, dass er sozusagen mit Lichtgeschwindigkeit einen Blick auf ihren entblößten Busen werfen konnte. Als er sich wieder beruhigt hatte, war ihm klar, dass er das letzte Mal einen solchen Busen sah, als seine Frau noch lebte. Er empfand keine Scham über seinen Voyeurismus. Doch es war nun unumstößlich, dass er mit ihr Kontakt aufnehmen musste. Hastig umgab er sich mit sommerlicher Kleidung, ging 50m im Korridor bis zur Decktür, an Deck wieder 50m zurück bis zu seiner Liege vor seinem Kabinenfenster, die letzten Meter verbotenerweise rennend. Hier durfte nur gewalkt werden Aber er kam zu spät. Er sah noch, wie sich seine Unbekannte entrüstet vom Deck Boy abwandte, ihre sieben Sachen zusammen raffte und sich stolz erhobenen Hauptes entfernte. Diensteifrig und mit glücklichem Lächeln kam ihm der Schiffsjunge entgegen mit den Worten:

„Madame wird Ihnen diese Liege nie wieder wegnehmen. Ich habe ihr deutlich gesagt, dass es die Ihre ist, obwohl die Liegen hier allen zustehen".

Dabei hielt er seine rechte Hand mit der geöffneten Handfläche in seine Richtung so nach oben, als wollte er sein verdientes Trinkgeld entgegennehmen.

„Das ist....", versuchte er irgendeinen Kommentar, brach aber schnell ab und fragte:
„Wohin ist Madame denn gegangen, welches Deck, welcher State-Room?"

„Ich weiß es nicht, ich habe sie hier noch nie gesehen!"

Ärgerlich wollte er sich auf seine nun leere Liege setzen, um frische Luft zu holen, da fiel sein Blick auf ein kleines Büchlein unter der Liege. Er zog es hervor und stellte fest, dass es sich um eine Art

Tagebuch handeln musste. Flüchtiges Durchblättern erbrachte eine weitere Enttäuschung:

Kein Name, keine beschriebene Zeile, kein Hinweis auf die Besitzerin.
Lediglich ein kleines Zettelchen fiel heraus, welches er sorgsam wieder im Büchlein verstaute, sozusagen als einzigen Beleg für die Existenz seiner ernsten Schönen.

„Ich werde das Büchlein an mich nehmen und es Madame überbringen“,
sagte er dem Schiffsjungen, der inzwischen seine Hand geschlossen hatte.

„Sollten Sie Madame sehen, verweisen Sie sie bitte auf mein Zimmer!“
Freundlich ihm zunickend verließ er den unglücklich verharrenden Deck Boy.

In seiner Kabine untersuchte er das Zettelchen gründlich und kam zu dem Schluss, dass es sich um eine Stichwortliste handeln musste, leider nicht deutsch oder englisch, wohl holländisch. Wie er vermutete, handelte es sich um eine Liste mit den Häfen, die angesteuert werden sollten, ergänzt durch

Ziele, die jeweils von dort aus zu erreichen sind. Sie begann mit Manta in Ecuador. Wozu dies, fragte er sich, sie hätte doch einfach den Routenplan der Reederei verwenden können. Doch in einigen Häfen waren viel ausführlichere Informationen angegeben, als er das in den Reiseunterlagen finden konnte. Diese Entdeckung beruhigte ihn, war sie doch ein Zeichen dafür, dass „Madame" länger an Bord bleiben würde und außerdem ein Interesse daran haben müsste, das Büchlein wieder zu erlangen. Doch sie kehrte nicht noch einmal zurück. Er sah sie auch nicht am nächsten Morgen beim Verlassen des Schiffes auf den Tender-Booten zu einer der San Blas Islands.

Paradiesische Natur und menschliche Höchstleistungen

Für sich stellte er fest, dass er über die San Blas Islands praktisch nichts wusste. Schlechte Bildung, dachte er, immerhin sind es nicht nur zwei oder drei Inseln, sondern so viele, wie das Jahr Tage hat. Von denen sind wiederum 57 bewohnt. Die Kuna-Indianer bilden einen großen Teil der Bevölkerung und leben heute noch so wie ursprünglich, hörte und las er in den Schiffsinformationen. Sie sind eine große Gruppe der Ureinwohner, die es verstanden hatte, sich auch politisch zu organisieren und damit gehört zu werden. Bei der Tender-Fahrt zu einer dieser Inseln fühlte er sich an seine Jugendträume erinnert, die er bei der Lektüre von Reisebeschreibungen und Romanen hatte, meist von Friedrich Gerstäcker, in denen es um den ersten Kontakt von Weißen zu den Ureinwohnern in der Südsee oder im Indischen Ozean ging.

Sie schipperten an Inseln vorüber, die aus der Ferne paradiesisch wirkten, auf denen schmucke Strohhütten standen und um welche sich Kanus mit den Einwohnern tummelten. Einige kamen bis ans Boot heran und verkauften für wenige Dollar riesige Muschelgehäuse. Die Besatzung sah gnädig darüber hinweg. Mit zunehmender Annäherung an den Anlegesteg änderte sich das Bild. Die Uferlinie und das seichte Wasser waren nun dekoriert mit modernstem Unrat, aus den Dächern einiger der Hütten ragten Satellitenschüsseln, vor den Hütten saßen in Reihe und Glied Mutter, Großmutter, Kinder und Enkelkinder in ihren „Ausgeh"-Uniformen aus selbst hergestellten farbenfrohen Textilien mit Motiven aus der Tier- und Pflanzenwelt, aber auch aus dem täglichen Leben. Männer und Jungen sah er seltener. Die erwachsenen Frauen trugen goldenen Nasenschmuck und hielten sich zurück. Die Mädchen jedoch heischten eindeutig um Dollargeschenke für ihre selbst gemalten Bilder, das Streicheln ihrer Papageien oder für „make foto!". Solche Bedrängungen hasste er. Dennoch hatte er sehr großes Mitgefühl mit den kleinen und zierlichen Mädchen, die mit ihren großen dunklen und bittenden Augen vor ihren zwar sauberen, aber sonst sehr spartanischen Hütten saßen, deren Strohdächer ihn bei näherem Herantreten in der Nase kitzelten.

Es gab einen größeren Versammlungsraum, der voll besetzt war mit aktiven und heftig diskutierenden Einwohnern, einige kaum zu erkennende Läden, in denen man die Produkte des heimischen Handwerks, Textilien, Bilder und Schmuck kaufen konnte und sollte, aber auch Formen von Gasträumen, wo Getränke und Obst verkauft wurden. Er bemerkte, dass sich dort nur die Einheimischen aufhielten, vor allem die männlichen. Seine Wanderung über die Insel, hindurch durch die Gässchen zwischen den Strohhütten, die rechts und links mit gestreckten Ärmchen an den Hüttenfronten sitzenden Kinder, vorbei an den improvisierten Verkaufsständen währte kaum eine Stunde. Und die kam ihm schon sehr lang vor. In unbewohntem Zustand hätte er diese Insel in dieser Zeit sicher drei bis vier Male umrundet. Ihm schien, als hätte man auch die Einwohner anderer Inseln aus Anlass des Besuchs der Passagiere vom großen Schiff auf diese Insel gebracht. Oder sie waren mit ihren Kanus selbst gekommen, teilweise mit Außenbordmotor. Er sah es. Alles wirkte ein wenig gestellt. Seine Jugendträume verblassten. Das ganze Treiben hier, die Enge zwischen den körperlich größeren Passagieren und den kleinen Inselbewohnern war irgendwie grotesk und konnte ihn nicht zum Kauf eines der durchaus schönen Inselprodukte verleiten. Dafür drückte er einem niedlichen, vielleicht 2 Jahre alten Mädchen, welches unweit seiner Mutter und der vielen älteren Geschwister vor der Hütte auf der feuchten Inselerde hockte, einen Dollarschein in die kleine Hand. Die dankbaren großen und zunächst ungläubig schauenden Kinderaugen trug er in seinen Gedanken mit aufs Schiff. Sie waren ein mehr als versöhnlicher Abschied.

Der 9.Tag seiner großen Reise begann für ihn sehr zeitig. Er stellte den Wecker seines Mobiltelefons auf 5:30h. 5:00h sollten sie den Panamakanal erreichen, woran er wegen der bisherigen Pünktlichkeit der Abläufe keinerlei Zweifel hatte. Seine Verschlafenheit wich bald großem Interesse. Auch der warme Regen, mit dem er auf Deck empfangen wurde, trug zu seiner Aufmunterung bei. Sobald sich seine Augen etwas an die Dunkelheit gewöhnt hatten, sah er Lotsen-Schiffe, das Ufer der Bucht und - Schiff voraus – die Lichter der Einfahrt in den Canal Cristobal.
Noch vor Einbruch der Dunkelheit hatten sie eines der schwierigsten, mächtigsten, geschichtsträchtigsten und wichtigsten Bauwerke der Menschheit wieder verlassen. Es war für ihn ein ganz individueller, sehr informativer und wegen des wenigen Schlafs auch anstrengender Tag. Den Schlaf konnte er am morgigen Seetag leicht nachholen und endlich erste Ordnung in die Vielzahl der Bilder und Videos bringen, die er bisher vor allem während der Durchfahrt durch

den Kanal gemacht hatte. Es waren Bilder aus einem Zeitraum von einem halben Tag für ein menschliches Projekt, dessen Ausführung unter gewaltigen Opfern und nach vielen Anläufen über einen Zeitraum von mehr als zehn Jahren erst von den Franzosen begonnen und danach bis zur Vollendung im August 1914 von den Amerikanern verwirklicht wurde. Wie groß sind die heutigen technischen Möglichkeiten, dachte er nicht zum ersten Mal auf dieser Reise, wie klein andererseits seine eigene menschliche Leistung gegenüber derjenigen der unzähligen Pioniere des Panama-Kanals. Unabhängig von den jeweiligen Machtinteressen der beteiligten Kräfte und Mächte bleibt er für immer eine Meisterleistung von Helden der Menschheit, die ihn hier ehrfürchtig, andächtig und betroffen machten, ihn zu neuer Bescheidenheit in der Beurteilung seiner Lebensleistung drängten.

Auf dem Kurs in Richtung Manta/Ecuador fand er die gewünschte Erholung. Er absolvierte zwei weitere Kurse zur Bildbearbeitung, nahm die gängigen und an Bord gebotenen Informationen über Ecuador auf und traf die Entscheidung, während des maximal achtstündigen Landgangs in Manta eine gut überschaubare Auswahl der Sehenswürdigkeiten zu treffen. Innerhalb dieser entschied er sich für eine Fahrt nach Monte Cristi zum Besuch des Mausoleums von Delgado, einen Besuch der Kathedrale und einen Bummel durch die Geschäfte mit Angeboten des örtlichen und landestypischen Kunsthandwerks. Insbesondere widmete er sich einem speziellen Teil dieses Gewerbes und schloss diese Bemühungen mit dem Kauf eines „echten" Panama-Hutes ab.

In Ecuador werden tatsächlich die echten und in ihrer Qualität besten Panama-Hüte hergestellt, wie er in mehreren Geschäften erfuhr. Man fahre also nicht nach Panama, sondern nach Ecuador, um solche Hüte zu erwerben. Seine Vorstellungen davon, wie ein solcher Kauf erfolgreich geführt werden kann, waren sehr kümmerlich. Es ärgerte ihn als Laien sehr, für zwei verschiedene ähnlich aussehende Hüte gewaltig unterschiedliche Preise zahlen zu müssen, was ihn mehrfach veranlasste, den jeweiligen Hutstand oder Hut-Laden zu verlassen. Schließlich traf er auf einen professionellen Verkäufer, der ihm die Unterschiede in Material, Herstellung und Qualität des Endprodukts deutlich erläuterte. Er fand Klarheit, so gut dies sein eigenes Spanisch zuließ. Absolut überzeugt von der Notwendigkeit der unterschiedlichen Preise war er, als sein Kaufberater von einem anderen, wohl einheimischen Kunden, für einen der Hüte ohne Widerspruch 180$ bekam, während er noch dabei war, den seinen von 25$ auf 20$ herunterzuhandeln.

Etwas schämte er sich schon. Daraufhin ließ er sich Hüte unterschiedlicher Qualität und Herstellung zeigen und fand anhand deren Eigenschaften und Beschaffenheit schnell selbst wesentliche Unterschiede in der Stabilität und Flexibilität (wie etwa bei der Knotenzahl eines echten Teppichs), in der Sauberkeit und Schönheit der Verarbeitung, in Design und Farben. Irgendwie konnte er sich nun mit diesen extrem unterschiedlichen Preisen arrangieren und wählte schließlich einen seiner Meinung nach genügend feinen Hut für tatsächlich 20$, allerdings ohne kunstvolle Holzkiste als Verpackung. Diese wirkte auf ihn sowieso eher wie eine große Zigarrenkiste.

Unweit der Haltestelle des Shuttles zum Hafeneingang ließ er sein Taxi halten und beschloss, zu Fuß zum Schiff zu gehen. Zeit genug war vorhanden. Der Murcielago-Strand reizte ihn. Er bereute es auch nicht. Während seiner gesamten Strandwanderung in seichtem Wasser, das wenige Gepäck mit neuem Panama-Hut im weltweit gängigen Plastikbeutel in der Hand, war das Schiff zum Greifen nahe zu sehen, doch wegen der Hafenanlage zu Fuß nicht zu erreichen. Unbekümmert watete er im warmen Pazifik-Wasser, während vor allem Einheimische fröhlich in diesem Wasser badeten an jenem 30.Oktober. Inzwischen wanderte er allein in Richtung des Schiffes durch den feinen gelblichen Sand und überlegte, weshalb wohl dieser Strand Fledermaus-Strand hieß. Eine Antwort fand er nicht. Von weitem näherte sich ein Paar mit zwei Kindern, das er fragen konnte, ob sein eingeschlagener Weg bis zum Schiff möglich sei. „Nein, das gehe nicht, er solle umkehren", riet ihm der Kolumbianer. Er hatte seine Heimat verlassen, weil er mit den dortigen Lebensverhältnissen nicht mehr zufrieden war und ein besseres Leben in Ecuador und eine sichtlich schöne Frau hier gefunden hatte. Mit ihr „setzte er“ seine beiden süßen Kinder „in eine für sie bessere Welt“. Also wieder zurück, quer über den breiten Strand bei nun traurig bewölktem Himmel, vorbei an einem stark versandeten, früher wegen seiner Lage wohl sehr attraktiven Stadion bis zu einer Avenida und dann weiter stramm zu Fuß bis zur Pass – und Personenkontrolle am Hafen und schließlich zum Hafenshuttle.

Die Sonne hatte sich inzwischen wieder durch die Wolken hindurch freigemacht. Von seinem Deck aus genoss er den wunderbaren Blick über den belebten Hafen, beobachtete Schildkröten im Wasser und bewunderte die Kunstflüge der Fregattvögel.

Ein erster Kontakt

Außen an seiner Kabinentür fand er zusammen mit den täglichen Bordinformationen einen kleinen Zettel:

„Bitte so nett sein und geben die Papierbuch an die Deckboden Boy. Dank für ihr atencion.
Nicoletta."

Das erste greifbare Zeichen von „Madame" in den Händen, machte er sich am nächsten Tag auf die Suche nach dem Deck Boy. Natürlich hatte er nicht vor, dem Boy das Büchlein zu geben. Er wollte es mit großer und weit schweifender Zeremonie selbst übergeben. Es fiel ihm schwer, sich unter den malaysischen und indonesischen Gesichtern zurechtzufinden. Auf den ersten Blick sahen sie für ihn alle, na ja, fast alle gleich aus, gleich in Größe, Hautfarbe und meist lächelndem Gesicht. Auch hatte er den Boy nur an einem Tag gesehen und fürchtete nun, seine schwächer werdende Erinnerung werde ihn verlassen. Er postierte sich erstmals und unmittelbar nach dem Frühstück auf der Liege vor seinem Fenster. Zwei Handtücher lagen schon darauf.

Das Deck war wie immer gründlich gewischt. Von einem Boy war lange Zeit nichts zu sehen. Leicht schaukelte das Schiff, friedlich waren die Geräusche des Meeres, was seinem Namen bisher jede Ehre machte. Beinahe wäre er, das Büchlein über seinem Bauch fest in den Händen haltend, selig eingeschlummert, als sich doch noch Aussicht auf Erfolg seines Anliegens ergab. Ein Ehepaar in seiner Nähe bemühte sich um eine zweite Liege und es gelang dem Paar, den Boy auf Deck zu rufen. Mit klopfendem Herzen richtete er sich auf, um zugleich wieder hinzusinken, denn es war nicht der gesuchte. Doch halt! Er kann den anderen doch fragen, wer an seiner Stelle vor zwei Tagen hier auf dem Deck Dienst hatte.

„Ich denke, das war Danail“, sagte der Boy.

„Wo finde ich ihn, bitte?“

„Er hat Dienst in einem der Restaurants. Weiß nicht, wo“.

„Gut, ich werde ihn suchen. Aber bitte, wenn Sie ihn sehen, sagen Sie ihm, dass ich ihn treffen muss“.

Und er gab dem falschen Boy neben einem Dollar seine Kabinennummer auf Deck 6. Alsdann machte er sich auf die Suche nach dem richtigen. Er verband seinen Weg durch das Schiff, angefangen von Deck 7 bis nach Deck 12 ganz oben, mit dem längst schon fälligen Vorhaben, die Veendam und ihre Einrichtungen ausführlicher kennenzulernen und dieses oder jenes Foto zu machen. Deck 8 enthielt das größte Angebot an Bars, Restaurants, Shoppingmöglichkeiten, Ruheinseln und einen Zugang zum über zwei Etagen angelegten Show-Room. Es war ein reichliches Angebot für die rund 1500 Passagiere an Bord. Freie Sitzmöglichkeiten waren leicht zu finden, die Bars nur bescheiden besetzt, die beiden größeren Restaurants wegen der gegenwärtigen Essenspausen praktisch leer. So hatte er Muße, jedem Bediensteten länger ins Auge zu schauen. Leider ohne Erfolg! Dieses Missgeschick setzte sich fort bis auf das Sportdeck 12 mit dem Wellnessbereich.

Ihm kam der Gedanke, Wellness passte möglicherweise gut zu Nicoletta. Doch in die einzelnen Kosmetikbereiche konnte er nicht vordringen, und der gerade ablaufende Yoga-Kurs fand ohne sie statt. Niedergeschlagen wandte er sich einem der zugänglichen Sportgeräte zu, einem glänzenden Trimm Rad, um seinen Frust weg zu strampeln. Gerade als er sich auf dieses Gerät so behände schwingen wollte, wie es seine reichlich 50 Jahre zuließen, fiel sein matter Blick auf die Laufbänder, wo sich noch einige Freizeitsportler um Fitness bemühten. Darunter, er traute seinen Augen nicht, Nicoletta in einem schillernden Jogginganzug. Instinktiv fasste er von außen an die Brusttasche seiner Weste. Das Büchlein war noch drin. Still und vorsichtig tretend saß er auf seinem Trimm Rad, als wolle er niemanden erschrecken oder gar vertreiben. Er würde so lange in dieser sicheren und unauffälligen Tätigkeit verharren, bis sie vom Band käme. Das geschah schneller als erwartet. Soeben hatte sie nach Drücken auf irgendeinen der vorhandenen Knöpfe ihren Laufschritt verlangsamt und sich das schon bekannte blaue Frotteehandtuch um die Schultern gelegt. Sie bereitete sich auf den Abgang vor, während er wie zufällig vom Trimm Rad rutschte, um ihren Kurs zu kreuzen.

„Sprechen Sie deutsch, …?“

Wie sollte er sie anreden. Er sah ihren erstaunten Blick, aber schnell kam die Antwort

„Ein bisschen, wodurch?“

Sie meinte sicher „weshalb“.

„Ich glaube, ich muss Ihnen eine Erklärung abgeben.“

„Erkläre Sie bitte schnelle. Mir fehlt Zeit.“

„Ich habe Ihr Notizbuch unter meiner Liege gefunden und möchte es Ihnen zurückgeben“.

Ihre großen dunklen Augen blickten nun interessierter, während sie sich am Eingang eines Massageraums gegenüberstanden.

„Geben Sie schon her das Book, ich lange gewartet“.

Umständlich griff er in die Westentasche, das Büchlein etwas schüttelnd, in der schließlich belohnten Hoffnung, das Zettelchen könne ins Innere der Westentasche fallen.

„Bitte, hier ist es!“

„Viele Danke“,

sagte sie und stellte natürlich schnell fest, dass das eigentlich Wichtige fehlte, ihr Merkzettel.

„Ist nicht komplett, fehlt eine wichtige Papier. Ist mir wichtig!“

Unschuldig betastete er all seine Taschen, um dann zu sagen:

„Tut mir leid, da muss ich nochmal im Zimmer nachschauen. Wohin kann ich Ihnen das Zettelchen bringen, wenn ich es finde“?

„Ist sehr wichtig! Ich brauche noch heute“.

„Wo?“,

fragte er, sich auf die knappe Rhetorik einlassend. Sie überlegte einen Augenblick, wie um alle Gefahren abzuschätzen und sagte dann:

„7:30 Uhr Nachmittag in Bibliothek“.

Endlich war der Kontakt hergestellt, noch vage, aber aussichtsreich. Erstmals hatte er Auge in Auge vor ihr gestanden und brauchte seinen ersten

Eindruck über ihre Attraktivität nicht zu korrigieren, höchstens vielleicht zu ihren Gunsten. Sie war fast so groß wie er, hatte wunderschöne große ernste Augen, ein ebenmäßiges schmales Antlitz, umrahmt von streng anliegendem schwarzem Haar. Durch die sportliche Anstrengung war ihr Gesicht gerötet und wirkte dadurch dunkler. Es war ihm sehr recht, dass sie deutsch sprach. Er hatte so Gelegenheit, sich in seiner Heimatsprache zu äußern, im Fall der Fälle auch geistreich. Das Zettelchen befand sich noch in seiner Westentasche auf der Herzseite, wie zu Beginn des Treffens. Er bereute sein kleines Betrugsmanöver nicht, hatte auch keinerlei Probleme mit seinem Gewissen. Sollte es aus irgendeinem Grunde wichtig werden, wird er offen darüber reden. Im anderen Falle war es ohnehin egal.

Er fieberte dem Treffen am Abend mit zunehmender Ungeduld entgegen und war schon eine reichliche halbe Stunde vor dem Termin in der Bibliothek. Die beiden Stühle an einem Tisch in Fensternähe waren noch frei. Spornstreichs steuerte er auf diese zu, zwischen lesenden und am Computer arbeitenden Passagieren hindurch. Auf einem der Stühle ließ er sich nieder, diesen Augenblick der Entspannung genießend und schaute sich in der vortrefflichen und auch mit Literatur und Wissen in verschiedenen Sprachen bestückten Bibliothek um. Die Reederei hatte diesen Aufwand nicht umsonst betrieben, denn die Räume hier zählten seiner Meinung nach neben den Restaurants während der Essenszeiten zu den bestbesuchten. Sein Blick schweifte über die ins Studium vertieften Gesichter und blieb schließlich hängen am Profil von Nicoletta, die sich über ein gewaltiges Buch beugte, halb hinter einem Computerbildschirm versteckt. Auch ihr Profil war dazu angetan, sein Herz zu erfreuen. Es war noch Zeit bis zum vereinbarten Termin, die er in stiller Beobachtung ihrer Konturen verbringen konnte. Wenig später jedoch kreuzten sich ihre Blicke, sie erhob sich und kam mit ihrem dicken Buch unter dem Arm auf seinen Platz zu.

„Zeitlich wie ein Deutscher“,

sagte sie und setzte sich zu ihm. Das Buch legte sie behutsam auf ihren Schoß. Ihre Bewegungen waren geschmeidig und irgendwie damenhaft. Sie wirkte sehr jung. Er schätzte ihr Alter auf maximal vierzig.

„Ich sage Dank für Sie, weil Sie mir mit dem Tagebuch helfen“.

„Kein Problem, gern geschehen, zumal mir der Boy auf meinem Deck berichtet hat, dass er Sie von der Liege vertrieb. Und das in meinem Namen. Er hat es gut gemeint, aber maßlos übertrieben!“

„Macht nichts mit mir. Habe schon gedacht so etwas. Habe Sie den Papiere gefunden?“

„Ja, hier ist der Zettel“.

Er drückte ihr den Merkzettel in die geöffnete zarte Mädchenhand.

„Hoffentlich hilft er Ihnen noch“.

„Doch, doch, im Falle jeden. Morgen sein er wichtig in Trujillo. Muss dort besuche einige archäologische Stätten. Alles auf Zettel geschrieben.“

„Sind Sie Archäologin?“,

fragte er sie ohne Umschweife direkt.

„Nee, ich mache das für meine Mann zuhause. Ist krank, konnte leider nicht fahren.“

Damit hatte er genug erfahren, um seine Bewerbungskünste zu bremsen. Dennoch antwortete er wahrheitsgetreu:

„Pech für Ihren Mann und für Sie natürlich. Hoffentlich nichts Schlimmes?"

„Nee, nee, es ist schon einigermeeßen gut. Weiß das über Internet".

„Wir beide reisen also allein. Mich interessieren Ihre archäologischen Studien. Obwohl ich eigentlich denke, dass auf diesem Gebiet heute gar nicht so viel passiert".

„Doch, doch. Gerade die Mocha-Kultur ist sehr interessant, bringt täglich Neues bei den Ausgrabungen. In Trujillo wird sogar ein neuer Tempel frei gegraben".

Sie sprach zunehmend besser Deutsch, als ob sie es früher öfter gesprochen hätte.

„Sie sprechen sehr gut deutsch. Haben Sie in Deutschland gelebt?"

„Ja, aber es ist eine lange Erzählung."

Er hatte den Eindruck, dass sie darüber nicht gern sprechen wollte und nahm Rücksicht darauf.

„Können wir die Ausgrabungen in Trujillo nicht gemeinsam besuchen? Wie gesagt, es interessiert mich sehr, und Sie haben mich noch neugieriger gemacht".

„Nee, das geht nich, ich fahre schon sehr zeitlich, mache viele Fotos und treffe Bekannte von mein Mann von Uni".

„Schade, aber vielleicht können wir uns abends treffen, und Sie erzählen mir etwas von Ihren Entdeckungen?"

„Mal sehen. Oh, jetzt ich habe Termin!
Immer ich habe Dinner 8:00 Uhr im „Rotterdam".
Vielleicht können Sie mich dort treffe".

Damit stand sie auf, schwang sich jugendlicher als er vorhin zwischen den Lesetischen hindurch und rief noch einmal in seine Richtung

„Herzliches Danke für Buch!"

Als er am nächsten Morgen, dem 15.Tag seiner Kreuzfahrt, die Gardinen vom großen Kabinenfenster zog, blickte er auf riesige Sandberge. Sie griffen geradezu nach den Hafenanlagen von Salaverry, dem Tor von Trujillo zum Pazifik. Ein ernüchternder Blick, dachte er, nach den bunten fröhlichen Bildern, die er noch vom Hafen Mantas in Erinnerung hatte. Ein richtiger Ort schien diese Ansammlung von Gebäuden, Industrie- und Hafenanlagen nicht zu sein. Die Vögel aber fühlten sich hier wohl. Praktisch jede freie Stelle auf der für ihn sichtbaren Kaimauer war besetzt durch Möwen, kleine Pelikane, Reiher- was auch immer, weiß der Geier. Es war keine Verlockung, in diesem Hafen zu verweilen, sollte das überhaupt gehen. So nahm er nach gutem Frühstück seinen Plan in Angriff, erst die Pyramide der Mochas und danach das Stadtzentrum von Trujillo zu besuchen. Vor dem Schiff fand er Mitstreiter für dieses Vorhaben. Einen der vielen bereits wartenden Taxifahrer konnten sie schnell davon überzeugen, mit ihnen ihre gewünschte Rundtour zu fahren.
Das Gelände der Ausgrabungen war nach kurzer

Fahrt durch Salaverry und dann über staubige Straßen durch vereinzelte Bebauung schnell erreicht. Der Taxifahrer wartete auf einem Parkplatz. Sie schlossen sich einer einstündigen Führung in spanischer Sprache an. Wie schon bei der Passage des Panama-Kanals stürzten unendlich viele Fakten und Eindrücke auf ihn ein. Wiederum machte er viele Fotos, um die Beobachtungen zuhause in aller Ruhe nachzuvollziehen. Das Spanisch der winzig kleinen Führerin konnte er gut verstehen und sogar diese oder jene Frage stellen, insbesondere zu den im Kulturkreis der Mochas üblichen Menschenopfern, die in drastischen Bildern noch gut sichtbar an einer der bemalten Wände festgehalten waren.
Die schöne Nicoletta traf er nicht.

Auf der Fahrt ins Stadtzentrum erfuhr er vom Fahrer, dass Trujillo 10 Universitäten hätte. Er konnte das nicht glauben. Aber tatsächlich wurde das Stadtbild von vielen jungen Menschen bestimmt. Die zentrale „Plaza de armas“ wirkte wie geleckt, glänzte wie nach einem Regenguss, so dass er sich fragte, ob dieser Platz transparent lackiert sei. Er „zog“ einige Soli aus einem Bankautomaten, um beim Schlendern liquide zu sein. Die Menschen wirkten fröhlich und gastfreundlich. Er fühlte sich entgegen der zur

Vorsicht mahnenden Bordinformationen sicher. Die Preise überraschten ihn teilweise sehr. Vor einigen Restaurants in der Fußgängerzone wurden Menüangebote für 10 Soli gemacht, das waren etwa 2,80□ . Alkoholische Getränke jedoch waren sehr, sehr teuer. Einige Gebäude, insbesondere das Refugium eines bekannten privaten Clubs, überzeugten durch koloniale Baukunst. Die anderen wirkten eher vernachlässigt. Im Vergleich zu Spanien, der sich ihm immer wieder aufdrängte, wirkte alles doch ein wenig schmutzig und heruntergekommen.

Pünktlich traf die kleine Gruppe wieder am zentralen Platz ein, wo sie vom Taxifahrer schon erwartet wurde. Zügig brachte er sie durch den quirligen Nachmittagsverkehr wieder wohlbehalten zum Schiff zurück. Leider erfüllte sich die Hoffnung nicht, Nicoletta heute schon im schönen Speiserestaurant „Rotterdam" über zwei Etagen, von denen die obere in Form einer Galerie Blicke in den unteren Teil erlaubte, anzutreffen. Sie hatte mit Sicherheit viel zu tun bei der Sondierung des frisch erworbenen neuen Materials über die Kultur der Mocha. Es schmerzte ihn nicht sehr, denn der Kontakt war geknüpft. Noch mehr als zwei Wochen Kreuzfahrt lagen vor ihnen. Mit den Gedanken an das virtuose Spiel einer

Gruppe von Delfinen, die das Schiff nach Auslaufen aus dem Hafen von Salaverry in Richtung Callao eine kurze Zeit begleiteten und anderen maritimen Bildern, schlief er zufrieden und voller Optimismus bezüglich der kommenden Tage ein.

Gemeinsame Stunden in Lima

In Callao, dem Hafen von Lima, gab es anfangs viel Aufregung. Er ging davon aus, dass Nicoletta wieder sehr zeitig unterwegs war, um ein für sie sehr wichtiges Museum in Lima zu besuchen.a Da hörte er die Mitteilung von einem Überfall auf eine junge Frau außerhalb des unmittelbaren Hafengeländes. Ihr war ein Brustbeutel so kräftig vom Hals gerissen worden, dass sie schwere Halsverletzungen erlitt. Es handelte sich um ein Ehepaar. Der Ehemann hatte sich lediglich wenige Minuten von seiner Frau entfernt, um Fotos zu machen. Die Polizei nahm den Fall umständlich auf. An Bord wurden die deutschen Passagiere entsprechend informiert und wiederholt zur Vorsicht angehalten. Er hatte Mitgefühl mit der Betroffenen, wenngleich er sehr beruhigt darüber war, dass es nicht Nicoletta sein konnte.

Wieder konnte er sich einigen Passagieren anschließen und mit dem Taxi bis Miraflores fahren. Dieser Teil von Lima entschädigte für die teilweise sehr traurigen Anblicke, die er bisher in Peru wahrnehmen musste. Vom Stadtteil Miraflores hatte er schon an Bord sehr viel Lobendes gehört. Doch die Lage am Pazifik entlang einer dunklen, lehmigen Steilküste versprach mehr, als er dann sah. Freilich, die Sicht über das Meer entlang dieser Küste musste man spektakulär bezeichnen. Einige der Bauten waren ohne Zweifel modern und schön, die große Mall vor den Hotelbauten einladend. Aber nach seinen Eindrücken in New York und Fort Lauderdale beeindruckten sie ihn nicht besonders. Ganz anders waren seine Wahrnehmungen an der „Plaza de armas“, einem Platz, den es wohl überall in spanisch sprechenden Gefilden gibt und den er wie schon häufiger mit einem Taxi erreichte. Der gesamte Platz in seinem gepflegten Zustand einerseits und die aufeinander farblich abgestimmten wirklich eindrucksvollen kolonialen Bauten ringsumher andererseits, beeindruckten ihn so sehr, dass er am zweiten Tage des Aufenthalts vor Lima wieder hierher fahren wollte. Darüber hinaus hatte er in einem der vielen in begrünten Abschnitten der Fußgängerzonen liegenden Restaurants einen wahrlich guten Kaffee bekommen. Die Taxifahrt zurück zum Schiff mit einem etwas verängstigten Ehepaar wurde durch die Fahrkünste des Chauffeurs während der Rushhour zu einer Testfahrt wie für ein „Formel 1“- Rennen. Aber sie kamen heil an und bezahlten zusammen 50 Soli, also „mas y menos“ 20$.

Dem Dinner sah er mit besonderer Spannung entgegen, glaubte er doch, Nicoletta heute zu treffen.

Und er traf sie!

Sie hatte wie er 8:00 Uhr abends einen festen Essenstermin und in der unteren Etage des „Rotterdam" an einem Zweiertisch zusammen mit einer älteren Dame einen Tisch gefunden. Viertel nach Neun beendete er schon sein Dinner ohne Dessert und erwischte Nicoletta auf Deck 7 gerade noch am Ausgang des Restaurants. Leider war sie wieder einmal in großer Eile wegen einer „gewissen" Lektüre und dringender „Ordnungsmaßnahmen" innerhalb ihrer schriftlichen Aufzeichnungen. Aber sie verabredeten sich für den nächsten Morgen zu einer gemeinsamen „Urlaubs"-Fahrt nach Lima. Natürlich mit dem Taxi.

Pünktlich trafen sie sich am nächsten Morgen 10:00 Uhr an der Gangway vor dem Schiff. Außerhalb des Hafengeländes konnte er wegen seiner bisherigen Erfahrungen schnell ein Taxi zur „Plaza de armas" für wiederum 50 Soli finden. Die Fahrt verlief ruhiger als das Rennen vom zeitigen Vorabend. Nicoletta hatte ihn wegen seiner ausreichenden Spanisch-

Kenntnisse gebeten, vorn beim Fahrer zu sitzen, was er widerstrebend annahm. Trotz der ruhigen Fahrt erreichten sie in weniger als 45 Minuten den zentralen Platz von Lima. Sie nahm seine Führerrolle gern an. Gestern war sie auf direktem Wege in die Museen gefahren und nach längerem Aufenthalt dort wieder zum Schiff zurück, ohne irgendetwas Bedeutendes sonst von der Stadt zu sehen .

Sie hatten ausreichend Zeit, die Gebäude um den Platz herum zu betrachten. Fotos machten sie keine. Leider war der ihnen zur Verfügung stehende touristische Stadtplan nicht maßstabsgerecht. Dennoch konnten sie anhand der gezeigten „places of interest" eine gewisse Auswahl und Einordnung treffen. Nicoletta verließ sich auf seine Vorschläge. Auch sie war am gestrigen Tage zum ersten Male in der peruanischen Hauptstadt. Der Besuch der beiden großen archäologischen Museen, dem „Museo Nacional del Arqueologico" und dem „Museo Arqueologico Rafael Larco Herrera" und ein Blitzbesuch in der Nationalbibliothek, alles mit Taxi, wie auch sonst, hatten ihr wenig Zeit gelassen, sich in der Stadt umzusehen.
Heute jedoch ließ sie sich Zeit. Das war sehr angenehm. Die vielen Menschen um sie herum,

hupende Autos, weiße Kutschen und aufgeregte Reisegruppen führten unausweichlich dazu, dass sie miteinander vertrauter wurden. Insbesondere er war ständig auf der Hut, jeden „Angriff" auf seine Begleiterin schon im Keim zu ersticken. Allerdings hatte dies auch zur Folge, dass sie kaum Gelegenheit für längere und zusammenhängende Gespräche hatten.

In der beeindruckenden Kathedrale folgte jeder seinen eigenen Interessen. Während der spektakulären Wachablösung vor dem Palacio de Gobierno standen sie in dem Spektakel jenseits der abgesperrten Fahrstraße und mit Blick durch ein prächtiges hohes Eisengitter auf die Szenerie schweigsam nebeneinander. Die teilweise sehr europäisch klingenden Märsche, die vom Militärblasorchester als Umrahmung der Marschbewegungen gespielt wurden, konnten ihn jedoch nicht davon abhalten, hin und wieder einen Blick auf seine Begleiterin zu werfen und über ihre Anmut und Jugendlichkeit zu staunen. Seine ursprüngliche Ansicht, sie wäre eine gutaussehende Frau in den Vierzigern, kam erneut gehörig ins Wanken. Gleichzeitig meinte er zu bemerken, dass auch sie ihn verstohlen musterte, als erkenne sie jetzt erst, mit welchem Individuum sie sich auf die Fahrt in eine ihr unbekannte, nicht ungefährliche Großstadt begeben hatte. Als er wahrnahm, dass sie einer Dame aus einer größeren Gruppe zuwinkte, kam ihm urplötzlich der Gedanke, sie würden beschattet.

Nach dem etwa halbstündigen Procedere der Wachablösung wählten sie einen ruhigeren Spazierweg zum „Monasterio de San Francisco". Die vielen Tauben auf dem vorgelagerten Platz erinnerten ihn an längst vergangene Stunden zusammen mit seiner Frau in Venedig. Oft hatten sie Venedig in den wenigen Jahren ihrer glücklichen Ehe besucht. Mit Wehmut dachte er daran. Wie dort, hinterließen auch hier, besonders an den geschichtsträchtigen Fassaden des Klosters, diese weltweit besungenen Vögel ihre dauerhaften Spuren. Auf dem Rückweg zur „Plaza de armas" erreichten sie innerhalb einer kleinen Fußgängerzone einen Markt mit kunsthandwerklichen Produkten der einheimischen Bevölkerung. Textilien aus Alpakawolle, Holzschnitzarbeiten, Bilder und einheimischer Schmuck füllten die Stände. Gekauft wurde wenig. Auch sie zeigten beide kein großes Interesse an den Angeboten. Sie trug, was er bisher sehen konnte, ohnehin keinen Schmuck, auch keinen Ehering und war unaufdringlich, aber sehr geschmackvoll gekleidet. In ihren sehr eng anliegenden Jeans wirkte sie wie ein junges Mädchen. Die meist gröberen Schmuck- und Textilangebote hätten überhaupt nicht zu ihr gepasst. An den teilweise sehr hübschen Auslagen für Kinder ging sie achtlos vorbei, was ihn eigenartigerweise beruhigte. Nur einmal verharrte sie an einer „tienda“ mit wirklich schönen Kopfbedeckungen aus Alpakawolle länger, unterdrückte jedoch ihren offensichtlichen Kaufwunsch. Sie ging nicht auf sein Angebot ein, nach den Preisen zu fragen.

Unweit dieser Stelle fanden sie schließlich eine ruhige, saubere und praktisch leere Cafeteria, die zu einem „cafe con leche“ geradezu einlud. Beiden war, wie sie lachend und irgendwie erleichtert feststellten, der „Einheitskaffee“ vom Schiff, welches sonst eine hervorragende Küche bot, keine große Verlockung mehr. Sie wählten als einzige Gäste einen Tisch an der großen Panoramascheibe mit freiem Blick auf ein kleines Plätzchen innerhalb des einheimischen indianischen Marktes. Die neugierigen Blicke der drei dunkelhaarigen und adretten Bediensteten konnten nur bedeuten:

„Oh, ausländische Gäste“ oder „Ein verliebtes Paar

auf der Durchreise“.

Er bestellte zwei „cafe con leche, largo de cafe“ und kontrollierte mit scharfen Blicken zum Tresen, ob auch wirklich mehr Kaffeepulver in den augenscheinlich sehr modernen Kaffeeautomaten gefüllt wurde, während Nicoletta sich ein Stückchen Kuchen aussuchte. Da sie beschlossen hatten, zugunsten eines erholsamen Aufenthalts rings um die „Plaza de armas“ auf den Besuch des belebten „Mercado central“ und des chinesischen Viertels zu verzichten, lag nun ausreichend Zeit zur ungestörten Unterhaltung vor ihnen.

Sie war es, die sich in anmutigen deutsch-holländischen Worten für sein Angebot bedankte, mit ihr heute ganz unabhängig von einer größeren Reisegruppe in das Zentrum von Lima zu fahren, obwohl sie anfangs große Bedenken hatte, darauf einzugehen. Schließlich kannten sie sich nicht, und es „passiere in de Welt sehr viel“. Aber sie „wisse sich zu verteidige“. Dass er aber Gast auf einem holländischen Schiff sei, legitimiere ihn, und schließlich sei er ja verheiratet. Mit Verwunderung hatte er die letzte Bemerkung vernommen, erinnerte sich aber rechtzeitig an seinen Ehering, den er immer noch trug.

„Sie haben recht“,

begann er einen längeren Monolog.

„Ich muss und möchte Ihnen über mich erzählen, damit unser Gedankenaustausch weniger anonym ist. Bitte unterbrechen Sie mich, wenn es Sie langweilt!“

„Erzähle Sie!“

„Ich bin nicht, ich war bis vor 20 Jahren glücklich verheiratet. Den Ehering trage ich heute noch. Meine Frau ist bei einem schweren Unfall direkt vor meinen Augen zu Tode gekommen. Ich habe es bis heute nicht überwunden. Kinder hatten wir keine. Die Umstände wollten es so, dass ich in Erinnerung an meine Frau von dem zehre, was in mir ist wie die Bilder von damals, die glücklichen Unternehmungen, vor allem die gemeinsamen Ziele, die wir leider nicht mehr zusammen erreichen konnten. 20 Jahre lebe ich nun schon allein und von diesen Erinnerungen. Seit diesem Sommer kann ich mir endlich die Zeit nehmen, einige der gewachsenen Wünsche von damals zu erfüllen. Zum Beispiel diese Kreuzfahrt um das Kap Hoorn. Es war unser erster gemeinsamer Jugendtraum!“

Er machte eine Pause und versuchte, aus ihren Gesichtszügen herauszulesen, welchen Eindruck seine bisherigen Äußerungen auf sie machten. In Erwartung seiner Fortsetzung blickte sie ihn nur ernst an.

„Ich habe mir lange Zeit gelassen. Allein konnte ich einfach nichts unternehmen. Oft und nachdrücklich habe ich mit dem Gedanken gespielt, meiner Frau zu folgen. Heute weiß ich, dass es richtig war, diesen lebensfremden Gedanken nicht nachzugeben. Es wäre wohl auch nicht im Sinne meiner Frau gewesen und ein Vergehen an all den jungen Menschen, die mir durch meinen Beruf anvertraut waren. Und heute kann ich auch wagen, diesen unseren Jugendtraum nun allein zu verwirklichen. Ich nehme die wunderbaren Erlebnisse sozusagen für meine Frau mit auf."

„Ich verstehe, verstehe aber och nit alles",
sagte sie, ihn weiterhin ernst anblickend.

„Mein Geburtsland sind die Molukken, gehöre heute zu Indonesien, wo mein holländischer Vater eine christliche Indonesierin heiratete. Ich bin einzige Tochter. Ich nicht verheiratet, aber hatte sehr feste indonesische Freund, lange Jahre, mit mir zusammen studiert. Wir wollten an Uni gemeinsam weiter arbeite und heirate. Dann kam großes Unglück. Mein Freund ist tragisch umgekomme. Dann mein Vater gestorbe. Es furchtbar war für beide Familie. Wie Sie ich habe versucht, alleine zu lebe. Ging nicht, musste Geld zum Leben und für Mutter haben. Habe Anstellung als Sekretärin eines Gast-Professors gefunden, weil ich spreche indonesisch, holländisch und englisch und vielleicht immer besser deutsch. Ist alles auch bald zwanzig Jahre her, habe heute dreiundvierzig und keine Kinder. Wir lebe in Amsterdam. Mein Professor arbeitet nicht mehr, macht aber archäologische Studien, wie Hobby. Wollte auch gern diese Reise machen, ist leider krank. Konnte nicht, ich sollte fahren."

Sie schwieg einen Augenblick, etwas verschämt, als müsse sie ergründen, weshalb sie diese intimen Einzelheiten einem fremden Manne erzählte. Er konnte nachvollziehen, weshalb sich eine junge schöne Frau, deren erste große Liebe so gewaltsam zerstört wurde, im weit entfernten Ausland in die Obhut eines sicher deutlich älteren, aber wohlhabenden Mannes begeben hatte, der sie und ihre Mutter unterstützte und ihr ein gesichertes Zuhause bot.

War sie deshalb glücklicher als er?

„Ich bin nicht verheiratet, aber wir … glücklich zusammen. Und haben keine Kinder. Ich sorge gut für ihn, auch damit Zeit ist für seine Hobbys. Wir reisen viel in die Welt. Nur meine Heimat lassen wir aus, abgesehe von Besuche meine Mutter. Sie auch war bei uns in Holland. Hab auch keine, wie sagt man, Heimweh?"

„Es tut mir aufrichtig leid, dass Ihr Mann nicht dabei sein kann",
sagte er nach wiederholten Augenblicken des Schweigens.

„Hoffentlich kann er bald wieder mit Ihnen verreisen."

„Ich glaube schon. Ist zwar schwer krank, aber Wege zu Besserung. Habe praktisch jeden Tag Kontakt über Internet. Ist schon wieder in Hause, nicht mehr in Klinik".

„Das freut mich aufrichtig!"

Die Trauer und die Schwermut in den schönen

Augen dieser Frau passten zu ihrem Bericht. Für ihren Mann hatte sie diese Reise wahrgenommen, um ihm den Gefallen zu tun, seine Hobbyforschung, was immer das auch sein mag, zu unterstützen. Sie hatte sich für einige Wochen von ihrer vertrauten und geliebten Umgebung losgerissen, wie er selbst es ebenfalls getan hatte.

Der Zufall wollte es, dass die Taxifahrt zurück zum Schiff mit eben dem Fahrer stattfand, der sich gestern schon als „Formel 1“-Fahrer bewährt hatte. Freilich war er bei der Taxihaltestelle an der „Plaza de armas“ gezielt auf den ihm bekannten gelben Toyota-Kombi zugegangen. Wieder war es eine Fahrt wie auf einer Achterbahn, ohne Rücksicht selbst auf Polizeifahrzeuge. Er „liebe das Autofahren“, sagte der Fahrer lakonisch. Diesmal saß er hinten mit ihr zusammen, genoss die Kurvenfahrten mit all ihren Berührungen und die neue freundschaftliche Vertrautheit. So konnte er seine Vorfreude auf den Abend kaum unterdrücken, denn er war sicher, dass Nicoletta sich die Show der indonesischen Bediensteten nicht entgehen lassen würde.

Er wurde nicht enttäuscht. Sie saßen mittig im unteren Teil des Show- Rooms, ziemlich nahe zur Bühne an einem kleinen Tischchen mit rot gepolsterten Stühlen. Die emsige und aufmerksame Bedienung bot einen ebenfalls roten indonesischen Willkommenstrunk an, den er für sie beide bestellte. Sie nahm mit der Bemerkung an, dass sie normalerweise keinen Alkohol trinke, heute aber gern ihrer Landsleute zuliebe eine Ausnahme mache und ziemlich sicher sei, dass sich der Alkoholgehalt in dieser rötlichen Flüssigkeit in engen Grenzen halte. In ihrem sehr festlichen und eng anliegenden Kleid sah sie umwerfend aus.

Alle indonesischen Laienkünstler auf der Bühne gaben sich reichlich Mühe, die in Scharen gekommenen Gäste zu erfreuen. Dabei überzeugten weniger Gesang und Tanz, als vielmehr die unbändige Lebensfreude, die sie ausprühten. Am besten gefiel ihm dennoch eine musikalische Einlage. Die gesamte Gruppe hatte ein hölzernes „Röhrengerät "aus Bambus („Angklung") in der Hand, welches allein durch Schütteln einige Töne der Oktave hervorbrachte, unterschiedlich je nach Länge der schwingenden Holzröhren. Der Dirigent zeigte mit seinem Stab und verdeckt für das Publikum auf verschiedene Stellen der nur für die Gruppe sichtbaren „Partitur", was jeweils Aufforderung zum Schütteln für die angegebene Teilgruppe war. Wenn sich alle daran hielten und nicht zu lange schüttelten, ergab sich eine erkennbare Melodie. Auch der Indonesier, der ihn an seinem Tisch im Restaurant bediente, war dabei und mühte sich, zwanghaft lächelnd, in herausragender Weise. Gestört wurde der Schüttelreigen nur durch eine selbstbewusste Dame aus dem Publikum, die auf die Bühne gebeten worden war und in sehr freiem Stile schüttelte.

Die Tänzer, Sänger und Musiker erhielten viel Beifall, der sicherlich auch ihr aufmerksames und vorbildliches Verhalten bei der Ausübung ihrer jeweiligen Funktion an Bord mit einschloss. Nicoletta rief ihnen offensichtlich Lobendes in ihrer Landessprache zu, denn schon wollten sie zu neuem Schütteln ansetzen. Der Kreuzfahrtdirektor jedoch gebot auf charmante Weise Einhalt.

Zeitplan über alles!

Nach der Vorstellung verabschiedete sich Nicoletta sehr schnell. Er hatte weder Gelegenheit, mit ihr in eine der vielen Bars zu gehen, noch sich für den morgigen ersten von zwei Tagen auf See zu verabreden.

Der erste dieser Seetage nach Verlassen des Hafens Callao von Lima entwickelte sich zu einem sehr traurigen Sonntag, dem 4. November 2012. Dabei waren seine Erwartungen an diesen Tag deshalb so hoch, weil am Abend der „Schwarz und Weiß"-Ball stattfand. Zu gern hätte er getanzt. Das Tanzen war in den glücklichen Zeiten mit seiner Frau immer ihr größtes Hobby gewesen. Sie war eine hervorragende Tänzerin, er tat sein Bestes. An Taktgefühl und Musikalität fehlte es ihm nicht, aber seine etwas nachlässige Haltung ließ nicht zu, ins Profilager zu wechseln. So war es immer ein schönes Hobby geblieben. Das war viele Jahre her. Ihm fiel keine Gelegenheit seit dem Tod seiner Frau ein, bei der er getanzt hätte. So wunderte es ihn nun sehr, dass er es mit der fremden Unbekannten heute beim Offiziersball wieder versuchen wollte. Aber es wurde nichts. Wäre es nicht ein Seetag, so hätte er wiederholt geglaubt, dass sie das Schiff verlassen hätte.

Einige Zeit schaute er dem Treiben auf der Tanzfläche zu, dem Kapitän mit seiner schlanken Partnerin, den Offizieren, die sich redlich und reichlich mühten, mit einzelnen Damen aus dem Saale ohne Rücksicht auf Rang, Namen, Aussehen und Alter zu tanzen und den

nett anzusehenden Mitgliedern des Show-Ensembles, die allein schon durch ihre Jugend bestachen. Ein sehr ernst und irgendwie entrückt blickendes und beim Tango durch besonders ruckartige Wendungen auffallendes „Möchte-gern-Profi-Paar“ war, wie häufig schon erlebt, auch dabei.
Dem hätten sie´s aber gezeigt!

Für den nächsten Tag auf See nahm er sich vor, auf dem Schiff nach ihr zu suchen.
Er entwickelte einen Plan, nach dem er vorgehen wollte. Die Stewards auf den einzelnen Decks waren diejenigen, die er befragen konnte, so nach dem Motto:

„Er suche eine Bekannte aus Holland, über die er gerade erfahren hätte, dass sie an Bord sei“.

Ihren Vornamen Nicoletta hätte er, aber leider kein Bild. Den Deck Boy auf seinem Deck würde er auch noch einmal befragen, obwohl der sicher nicht mehr so gut auf ihn zu sprechen war.

Wie viele Kabinen wird ein Steward haben? Er ging versuchsweise von 20 aus. Das ergeben bei 848 Kabinen, das Schiff war voll besetzt, mindestens 40

Stewards, die er zu befragen hätte. Kein Problem für einen ganzen Tag. Statistisch wäre es vielleicht am günstigsten, in der Mitte anzufangen. Aber er begann auf Deck 4, dem A-Deck, schon vor 9:00 Uhr nach einem vor Aufregung sehr knappen Frühstück. Die Stewards waren schon fleißig bei ihrer Arbeit und gaben bereitwillig Auskunft. Leider alles negativ. Auf der Treppe zum Main-Deck 5 fiel ihm ein, einfach am Front Office, Deck 7, zu fragen. Er hatte insoweit Glück, als dass die nette und Deutsch sprechende Dame Dienst hatte.

„Ich bin auf der Suche nach einer holländischen Bekannten, die ich leider aus den Augen verloren habe. Ihre State-Room-Nummer kenne ich nicht, nur ihren Vornamen. Können Sie mir helfen?"

Ungläubig schaute ihn die Nette an.

„Haben Sie sie denn an Bord schon gesehen?"

„Ja, natürlich. Zuletzt am indonesischen Abend. Wir haben uns an Bord kennengelernt, deshalb weiß ich keine weiteren Einzelheiten".

„Mein Herr, ich kann für Sie nicht Detektiv spielen".

Die Rüge schmerzte ihn. Doch dann versöhnlicher:

„Aber nach ihrem Namen könnte ich einmal schauen. Ist sie Passagierin oder gehört sie der Crew an?"

„Ich bin sicher, dass sie wie ich zahlender Passagier ist".

Sicher war er sich aber längst nicht mehr. Und was sollte seine Bemerkung „zahlender Passagier"? Hätte er doch nur auf den Decks weitergesucht. Hinter ihm drängten sich schon die nächsten und offensichtlich sehr ungeduldigen Kunden für das Front-Office.

„Ich finde keine Nicoletta, tut mir leid!"

„Dank Ihnen!",

und er machte sich aus dem Staub mit hochrotem Kopf, wie er glaubte.

War er überhaupt sicher, dass sie Nicoletta hieß? Wo ist eigentlich der Zettel mit dem Namen?

Sicher von den Stewards weggeräumt.

Der Zettel war ja auch nicht mehr wichtig, nachdem er Nicoletta gefunden hatte. Ihm fiel auf, dass er sie nie mit ihrem Vornamen angeredet hatte. Vielleicht hieß sie gar nicht so, vielleicht war es nur ein „Tarn"-Name? Unfug, schloss er sofort. Wozu sollte sie so etwas tun? Das passte doch überhaupt nicht zu ihrer Persönlichkeit.
Weitersuchen, befahl er sich. In dem Maße wie sein Schamgefühl verging, wuchs wieder seine Neigung zu detektivischer Arbeit.

Es wäre doch gelacht, wenn er sie nicht fände!

Er ging eine Etage nach unten auf sein Deck 6, wo sie auf der Sonnenliege vor seinem Fenster gelegen hatte. Die Wahrscheinlichkeit war groß, dass sie auch auf diesem Deck wohnte. Doch keiner der befragten Stewards konnte sich in irgendeiner Weise an die gesuchte holländische Frau erinnern. Nachdem er auch auf Deck 5 nur negative Auskünfte erhielt, blieben also nur noch die insgesamt 232 Räume auf den Decks 9 und 10, denn er konnte sich einfach nicht vorstellen, dass sie an anderer Stelle im Schiff untergebracht war. Zunehmend kamen ihm Zweifel am Sinn seiner Bemühungen. Wer garantierte ihm denn, dass die Stewards ihm die Wahrheit sagten oder sein Anliegen überhaupt verstanden hatten?

In der unteren Etage des schönen Dining-Rooms auf Deck 7 erhielt er auf dem Wege zu seinem Tisch auf Deck 8 schließlich einen ersten Hinweis. Weshalb hatte er eigentlich nicht sofort daran gedacht, in den Restaurants nachzufragen?

„Ja, eine Dame mit dem geschilderten Aussehen ist mir bekannt. Sie spricht auch mit holländischem Akzent. Einen festen Tisch hat sie hier wohl nicht. Ich habe sie zu unterschiedlichen Zeiten zwei Male bedient. Ihre State-Room-Nummer kenne ich nicht. Sie hat keine Extragetränke bestellt".

„War sie allein oder in Begleitung?"

„Sie wurde an unterschiedlichen Tischen platziert, ich glaube, allein. Einmal saß sie mit einer älteren Dame zusammen".

Das passte nicht zu den Räumen auf Deck 9 und höher. Er musste seine Suche einstellen und „sich auf die Lauer" legen.

Heiter und paradiesisch

Am Dienstag, dem Tag der Präsidentenwahlen in den USA, erreichten sie gegen 9:00 Uhr vormittags Coquimbo, den ersten chilenischen Hafen, den das Schiff anlief. Morgen würden sie in Valparaíso sein, wo ein Teil der Passagiere ausstieg und etwa 200 neue Reisende an Bord kamen. Sollte sie auch von Bord gehen, würde er sie nie wiedersehen. Er litt schrecklich unter diesem Gedanken. Gemäß den Informationen, die er auf dem Schiff erhielt, hatte er sich vorgenommen, mit einem städtischen Bus in die 15 km entfernte Stadt La Serena zu fahren. Seine durch einige Spanienaufenthalte erworbenen Sprachkenntnisse reichten aus, wie bisher die nötigsten Dinge in der Landessprache zu klären. Die Menschen um ihn herum waren freundlich, gut gekleidet und sehr hilfsbereit. Auf der gesamten bisherigen Reise konnte er dies beobachten. Einige Male sah er auf der 30-minütigen Fahrt in die Stadt, dass Jüngere für Ältere aufstanden und Platz machten. Zwei jüngere Männer, die sich als Achtzehnjährige herausstellten, standen unmittelbar neben seinem Platz. Sie trugen ihre schmucke dunkelblaue Schuluniform und dazu weiße Hemden mit dunkler Krawatte. Beide waren auf dem Weg zu einem Examen. Er wünschte ihnen besten Erfolg und weiterhin alles Gute. Sie verabschiedeten sich per Handschlag.

La Serena präsentierte sich als ein sehr sauberes und farbenfrohes Städtchen mit viel Getümmel auf den liebevoll gepflasterten und durch maritime Eisenpoller zum Bürgersteig hin begrenzten Straßen. Vorwiegend neuere Autos, meist von japanischen Herstellern, und eine Unzahl von Bussen waren unterwegs. Wartezeiten an den Bushaltestellen gab es kaum. Einen Bus bekam man immer, jedenfalls zu dieser Tageszeit. Er ließ sich durch die Menschenströme von Straße zu Straße, von Platz zu Platz treiben, besuchte die Kathedrale und eine weitere schlichte, aber sehr eindrucksvolle Kirche, ging über einen kleinen Markt mit stattlichem Schmuck–und Geschenkartikelangebot. An einem der Schmuck- stände hielt er sich etwas länger auf und kaufte schließlich in Erinnerung an seine Frau und aus was auch immer für Beweggründen einen Anhänger mit einem in Silber gefassten Lapislazuli, einem Stein, der auch ihm selbst sehr gut gefiel. Seine Frau hatte ihm einst einen goldenen Ring mit einem solchen tiefblauen Lapis und goldenen Einschlüssen geschenkt. Er trug ihn heute noch sehr gern.
Eigentlich hatte er sich vorgenommen, noch in das

nahe gelegene Elgin-Tal zu fahren, um etwas über den örtlichen Weinbau in Erfahrung zu bringen, diesen oder jeden Wein natürlich auch zu probieren und dabei den Pisco, den chilenischen Trester, auf keinen Fall zu vergessen. Da ihm jedoch das Treiben in der Stadt, die Vielfalt der kolonialen und modernen Häuser sehr gefielen und zudem die Zeit für einen Besuch der Bodegas knapp wurde, verweilte er schlendernd noch eine Weile. In der Nähe des Archäologischen Museums blieb er stehen, um Fotos zu machen.

Da erblickte er sie.
Sie kam aus Richtung des Museums auf ihn zu, eilig, energisch, einen Beutel von der Holland-America-Line unter dem Arm und erkannte ihn just in diesem Augenblick. Sie machte nicht auf dem Absatz kehrt, sie blieb nicht erschrocken stehen, nein, sie kam geradewegs auf ihn zu, um ihn zu begrüßen, als wären sie verabredet. Sein Herz klopfte. Er freute sich riesig.

„Habe gehabt Glück und alles gefunde! Papiere meines Mannes haben geholfen".

Dabei tippte sie mit dem Zeigefinger der rechten

Hand auf die Tasche unter ihrem linken Arm, ganz natürlich, unkompliziert, sympathisch. Er ging sofort darauf ein.

„Prima, dann können wir uns aber jetzt in einem schönen Restaurant mit Innenhof einen guten Kaffee leisten. Ich lade Sie ein. Geben Sie mir mal die Tasche!“

Er nahm ihr die Tasche ab, hakte seine Wiedergefundene einfach unter und zog sie mehr oder weniger durch die Passanten hindurch zu dem Restaurant, in welches er während seiner Spaziergänge beinahe schon gegangen wäre. Sie gingen eingehakt in den Innenhof, wählten einen der fein gedeckten Tische unter einer vom professionellen Gärtner hervorragend geschnittenen und dichten Phönix-Palme. Als sie schon saßen, kam sie erst zu ihrer zurückgehaltenen Äußerung, dass sie gar keinen Kaffee möchte. So bestellte er zwei Pisco Sour nach Art des Hauses, die freundlich serviert wurden und ausgezeichnet schmeckten.

„Ich haben alles gefunde, was wollte ich. Morgen habe ich frei nach viele Tage lesen und schreiben“, sagte sie mit Verweis auf die letzten Tage, an denen sie sich nicht gesehen hatten.

„Ich habe Sie schon gesucht. Sie waren einfach nicht zu finden. Keiner kennt Sie auf dem Schiff, Nicoletta“,

erwiderte er unbeholfen und immer noch unter dem Eindruck seiner zweitägigen absurden detektivischen Bemühungen. Sie blickte ihn erstaunt an.

„Wie kommen Sie auf Nicoletta? Ich mich nenne Nicole, Nicole Han“.

Verflixt und zugenäht! Hätte er sich doch den Zettel noch einmal in Ruhe angeschaut. Es wäre ihm einiges an Leid erspart geblieben.

„Oh, Entschuldigung! Ich habe das so aus Ihrem Infozettel an meiner Kabinentür entnommen. Nicole gefällt mir auch viel besser. Han ist aber doch kein holländischer Name?“

„Das nicht! Ist eher ein Mischname, chinesisch – indonesisch. Ist mein früherer Familienname“.
„Ich hätte gar nicht gewusst, wo ich Sie suchen soll“, nutzte er die Gelegenheit.

„Auf welchem Deck wohnen Sie denn?“

„Darüber ich nicht gern spreche. Auf Deck 6 wie Sie, aber Backbord. Habe aber Steward gebeten, keine Auskunft zu geben“.

Fürs erste war er zufrieden. Sie schlenderten noch etwas durch die Straßen der Innenstadt von La Serena, bis sie entschieden darauf drängte, ein Taxi zurück zum Schiff zu nehmen.16:00 Uhr müsse sie an Bord sein. Er schlug ihr wegen der guten Erfahrungen auf der Herfahrt vor, den lokalen Bus zu nehmen, worauf sie sofort einging. Schnell hatte er über Passanten, die er auf der Straße ansprach, die Lage der zugehörigen Bushaltestelle herausgefunden. Nach wenigen Minuten schon konnten sie in den nur halb gefüllten Bus zurück nach Coquimbo einsteigen. Er bezahlte mit einem 10000 Peso-Schein, merkte aber erst am Platz, dass er nur 8000 Peso zurückbekam. Der Busfahrer stellte sich „dumm“, weil er natürlich den Ausländer erkannt hatte. Erstmals notierte er auf seiner Reise einen solchen unfreundlichen Vorfall. Glücklicherweise hatte ein in der Nähe sitzender einheimischer Fahrgast alles mitbekommen und half ihm sofort erfolgreich dabei, die fehlenden 1000 Pesos vom Fahrer wieder zurück zu erhalten. So überwog bei ihnen beiden schließlich doch der Eindruck, dass ihnen die Menschen hier freundlich und ehrlich begegneten. Zu seiner großen Freude verabredeten sie für den morgigen Tag einen gemeinsamen Bummel durch Valparaíso, beginnend an der „Plaza de Viktoria". In seinem State-Room verfolgte er bis tief in die Nacht hinein die Präsidentschaftswahlen in den USA.

Auch Valparaíso verband er mit vielen Träumen aus seiner Jugend. Es war in seiner Erinnerung eine unerreichbare Stadt in einem unerreichbaren Land. Er konnte sich jedoch nicht mehr genau erinnern, in welcher der unzähligen Reisebeschreibungen rund um den „friedlichen" Ozean er erstmals mit dem paradiesisch klingenden Namen dieser Stadt Bekanntschaft machte. Gerstäcker fiel ihm sofort wieder ein. Das alles war so lange her.

Sie hatten sich unten am Shuttlebus getroffen und außerhalb des Hafengeländes einen der vielen Busse zum Viktoria-Platz gewählt. Dieser Platz wirkte nicht wie ein spanischer Platz auf ihn. Die einzelnen großen und teilweise kunstvollen Bauten waren vom üppigen Grün des auf dem Platz angelegten Parks bedeckt. An diesem oder jenem Denkmal verweilend, ließen sie sich entlang einer reichlich befahrenen Avenida in Richtung des Uhrenturms treiben. Die nur wenige Meter breite Vorderfront des Turms ragte aus der Verlängerung der auseinander laufenden anschließenden Gebäude wie der Bug eines riesigen Schiffes in die Avenida, diese zu einem Y-förmigen Grundriss spaltend. Ganz in der Nähe fanden sie den Zugang zu einem der ältesten Ascensoren der Stadt aus dem Jahre 1883, dem Ascensor Concepcion. Dieser führte sie zu einem Wanderweg direkt an der Kante der Oberstadt mit traumhafter Sicht auf die Unterstadt und die Bucht von Valparaíso. Entlang dieses Paseo Gervasoni bummelten sie eine tüchtige Zeit lang, sprachlos und versunken in die Rundumblicke durch ein frühlingshaftes Blütenmeer hindurch. Auf dem Rückweg stießen sie an der Ecke zur Calle Templeman auf das wohl erst kürzlich restaurierte Cafe Turri in nicht zu überbietender Lage oberhalb des Reloj Turris (Uhrenturms) in der Unterstadt, den sie vor kurzem noch bestaunt hatten. Vom Cerro (Hügel) Concepcion, auf dem sie sich befanden, wirkte er wie eine Spielzeugfigur. Auf vielen solcher Berge wurde ein großer Teil der Stadt erbaut. 16 alte und neue Ascensoren erleichterten den Zugang zur Oberstadt.

Leider wirkte das Cafe Turri geschlossen, doch auf sein vor Enttäuschung hervorgerufenes energisches und durch die nahe Anwesenheit Nicoles noch verstärktes Klopfen öffnete sich die Tür. Ein überaus adrett gekleideter und sehr freundlicher Camarero lud sie ein, ins Innere des holzgetäfelten und mit vielen alten Gemälden reich dekorierten Gastraums zu kommen. Den durchschritten sie jedoch, als der nette Chilene in dunkler Serviceuniform einräumte, sie könnten durchaus auch nur für einen Drink auf der Terrasse Platz nehmen und führte sie zu einem fein gedeckten Tisch. Der so schick „Uniformierte" versäumte nicht zu betonen, dass man von hier aus die beste Sicht auf die Bucht innerhalb der gesamten Stadt hätte. Er hatte keineswegs übertrieben. Sie tranken entgegen ihres anfänglichen Vorhabens wieder einen Pisco Sour. Nicole kommentierte dies mit den noch häufiger gehörten Worten:

„... ich immer mehr aus dem Gleichgewicht falle!"

Unmerklich, befördert durch die neuen Momente des Zusammenseins und des Sich-kennen-Lernens, trat eine Gewöhnung aneinander ein, die es ihm jetzt schon schwer machte, an den Abschied in Buenos Aires in 13 Tagen zu denken. Zunehmend hatte er auch den Eindruck, dass sie ihn prüfender und neugieriger ansah als noch vor wenigen Tagen zum indonesischen Abend. Darüber freute er sich und wünschte, dass sie sich freundschaftlich noch näherkämen, um vielleicht auch nach der Kreuzfahrt in Kontakt zu bleiben. Für seine Sicht als Niedersachse war doch das Tulpenland nicht weit entfernt.

Mit Bedauern, auch weil es schön gewesen wäre, einen ganzen Abend hier oben über der Bucht zu sitzen und das reichhaltige Angebot der Menükarte zu probieren, machten sie sich auf den Rückweg. Diesmal hängte sie sich bei ihm ein, wohl als Folge des Pisco und der hochkonzentrierten Schönheitsblicke ringsumher. Galant führte er sie den Berg zu Fuß hinab auf die Almirante Monti, vorbei an einem kleinen Künstleratelier und einer lutherischen Kirche, an der sie verweilten. Dieser Weg hinunter in die Unterstadt erinnerte ihn an seine früheren Eindrücke am Mont Martre in Paris.

Ohne Probleme erreichten sie einen passenden Bus und gelangten durch den quirligen Verkehr zum Terminal. 17:00 Uhr legte das Schiff ab. Kurz nach dem Einchecken bedankte sie sich bei ihm für die ereignisreichen und schönen Stunden an diesem Tag unter seiner „Führung". Das machte ihm sogleich Mut zu fragen, ob sie nicht die Tatsache, dass viele Gäste das Schiff verließen und neue an Bord kämen, dazu nutzen sollten, sich um einen festen gemeinsamen Platz zum Dinner an einem Zweiertisch zu bemühen. Sie sagte zu, er gab sein Bestes.

Ab Donnerstag, 8.November 2012, auf der Reise von Valparaíso nach Puerto Montt, konnten sie über einen sehr schön gelegenen Zweiertisch auf der Galerie des Dining-Rooms, Deck 8, verfügen.

Seine gesamte Vorfreude galt wieder einmal dem bevorstehenden Tag auf See. Ein kompletter Tag ohne fremde Ablenkungen mit Nicole zusammen zu sein, wunderbar! Was würde, was könnte er sie alles fragen, was alles könnten sie an Bord gemeinsam unternehmen.

Während des Frühstücks im Lido, welches er nicht mit der lustvollen Andacht wie sonst genoss, huschten seine Augen von Passagier zu Passagier, von Tisch zu Tisch, von Tresen zu Tresen. Alles schon gehabt.

Hinter den Tresen lagen wie immer ausgesuchte Köstlichkeiten, standen freundliche Indonesierinnen und Indonesier, die vielerlei Sonderwünsche entgegen nahmen. Heute hatte er dafür keinen Sinn, begnügte sich mit einem schnellen „Continental". Doch er sah sie nicht. Auch das schon gehabt. Zum Frühstück sah er sie nicht und auch später nicht. Er war wieder einmal sehr, sehr enttäuscht. Schon überlegte er, auf Deck 6 eine neue Suche zu starten. Doch wozu? Sie hatten sich nicht verabredet. Was sollte er den Stewards wieder erzählen. Sein Schamgefühl zwang ihn endlich, solche Suchen zu unterlassen. Alle seine Hoffnungen setzte er auf den Abend. Sie wurden erfüllt.

Er hatte soeben am Zweiertisch unmittelbar an der Balustrade der Galerie des Dining-Rooms Platz genommen, als sie erschien, elegant in einem dunklen, engen Kostüm und silbrig glänzender Bluse, umgreifend eindrucksvoll. Sofort sprang er auf und bemerkte ihr blasses Gesicht, als sie unmittelbar vor ihm stand. Seine sorgenvolle Anfrage, ob zuhause in Holland etwas passiert sei, verneinte sie, gab aber zu erkennen, dass sie mit einer unangenehmen Magenverstimmung „zu kämpfe hätte". Hoffentlich nichts Ernstes. Das glaube sie auch nicht, schon wegen der ungemein hygienischen Absicherungen auf dem Schiff. Am liebsten würde sie wieder in ihr Zimmer gehen, ruhen und Medikamente einnehmen, damit sie wenigstens morgen in Puerto Montt zusammen von Bord gehen könnten. Das war auch ihm in diesem Moment viel lieber. Über einen kleinen Umweg zum Deck 11, wo er für sie einen heißen Tee bereitete, brachte er sie zu ihrer Kabine auf Deck 6. Mit den besten Wünschen und seiner innigen Hoffnung, dass sie sich bis morgen wieder vollständig erholen möge, verabschiedeten sie sich an ihrer Kabinentür.

Gezuckerte Vulkane und Gletscher

Die Sonne in der Seeregion Aysén del General Carlos Ibanez del Campo strahlte ungehindert, der Hafen von Puerto Montt leuchtete in den schönsten natürlichen Farben, und auch er strahlte. Sie waren zusammen von Bord gegangen in einem der Tender Schiffe und beratschlagten, was sie hier über einen langen Tag hinweg tun könnten. Alternativen gab es nicht viele. Alle führten in die grandiose Natur im Seegebiet von Puerto Montt. Viele der Deutschen, die sich schon ab 1852 hier angesiedelt hatten, wussten bestimmt, weshalb sie dies taten. Nun bildeten sie eine Bevölkerungsgruppe in dieser Stadt von über 130000 Menschen. Überall war der deutsche Einfluss zu sehen. Er stellte sich vor, irgendwann am heutigen Tage insbesondere von den Bäckereiprodukten auch einmal zu kosten.

Sie wurden sich schnell einig. Zunächst wollten sie über Puerto Varas eine Teilstrecke auf der Straße 225 entlang des über 300m tiefen und 70 m über dem Meeresspiegel liegenden zweitgrößten chilenischen Sees Lago Llanquihue fahren, um die Aussichten in die grüne nähere Natur und Blicke auf schneebedeckte Vulkane in der Ferne zu genießen. Danach planten sie, in den Parque Nacional Perez Rosales abzufahren und die nahegelegenen Stromschnellen zu besichtigen. Das war insgesamt eine Tour von über 200 km hin und zurück. Mit einem Taxifahrer einigten sie sich schnell über diese Tour.

Die Fahrt entlang des Sees erfüllte alle Vorerwartungen. Neben teilweise spektakulären Blicken auf und über den Lago konnten sie häufig auch zwei bis drei der sich in der Region befindenden Vulkane mit weißen Spitzen erblicken. Der Fahrer versprach, dass sie zu mindestens den Osorno mit 2652 m Höhe, von den Stromschnellen aus noch viel besser sehen könnten. Es war wunderbar mildes sonniges Wetter. Die wenigen kleinen Ortschaften, die sie durchfuhren, strahlten Ruhe und Beschaulichkeit aus. Verlockende Hinweise auf die deutsche Bevölkerung wie „Strudel", „Kaffee und Kuchen", „Bäckerei" gab es an vielen Stellen. Es war nun der entscheidende Moment, in dem er sich fest vornahm, auf der Rückfahrt einen ausgiebigen Halt an einer dieser Stellen zu machen.

Nach reichlich einstündiger Fahrt auf der guten und wenig befahrenen 225 erreichten sie einen größeren Parkplatz. Von dort aus gelangten sie über einen kurzen Wanderweg durch üppiges Grün zu den

Stromschnellen von Petrohue, die sich aus dem Lago Todos los Santos (189 m über Meeresspiegel, Größe etwa wie der Lago Maggiore) in niedriger gelegene Seen ergießen. Dort tummelte sich schon eine große Ansammlung von Passagieren des Kreuzfahrtschiffes, die in ungastlicher Frühe mit Bussen hierhergebracht worden waren.

Es bot sich ihnen eine wunderbare unverfälschte Natur. Unmittelbar vor und hinter ihnen die Wasserströme mit ihren Schnellen, ringsum das Grün und in schier greifbarer Nähe der Osorno in der Sonne, nun seine weiße Kegelspitze freizügig zeigend. Das Weiß glänzte in der Sonne wie eine einsame weiße Wolke am sonst tiefblauen Himmel in den Alpen an einem sonnigen Märztag, nur eben noch schöner. Beide waren wortlos ergriffen von dieser Schönheit, standen lange und vertraut wie nie zuvor beieinander, unbeeindruckt vom Sprachgewirr anderer Passagiere und vom Klicken der unzähligen Digitalkameras. Diese konnten das Rauschen der Strömung ohnehin kaum übertönen.

Kurz hatten sie überlegt, ob sie das Angebot wahrnehmen sollten, eine längere Rafting-Tour auf dem Fluss zu machen. Der Zeitplan sprach dagegen. Dafür war ein etwas längerer Aufenthalt an einem der Restaurants während der Rückfahrt durchaus realisierbar. Der Taxifahrer konnte ihnen sogar ein solches empfehlen. Er würde dort gern halten. Wiederum erlebten sie zweierlei. Sie sahen ein wunderschön gelegenes Restaurant auf einem Gelände wie auf einer Alm mit weitem Blick über den See. Dahinter glänzte der Osorno und – um das Postkartenidyll vollständig zu machen – auf der grünen Wiese direkt vor ihnen graste ein Lama. Aber ähnlich wie vor einer halben Stunde bei den Stromschnellen, bevölkerte gefühlt ein Drittel der Schiffspassagiere das Innere des Restaurants, so dass kein einziger Stuhl, geschweige denn noch zwei Kaffee möglich waren. Sehr schade, dachten beide, das Idyll Abschied nehmend zum x-ten Male überblickend. Auch der Fahrer war enttäuscht und hatte auf die Frage nach einer weiteren Gelegenheit nur die Antwort:

„In der Mittagszeit zwischen 13:00h und 15:00h sind alle Lokale hier besetzt".

Umso größer war die Freude der Dreiergruppe, als sie ein abseits von der Straße gelegenes Gasthaus fanden, in dessen einen Fenster deutlich lesbar

„Kuchen, Tortas, Budweis“ stand. Dieses Gasthaus lag inmitten einer gepflegten Gartenanlage mit mietbaren Ferienhäusern, einem Tennisplatz und einem kleinen Park. Er erfuhr von der freundlichen Wirtin, dass sie zwar keine Deutsche sei und es auch in der weiteren Familie und der Ahnentafel keine Deutschen gäbe, aber Apfelstrudel oder Käsetorte könnte sie zu ihrem Kaffee jederzeit und durchaus konkurrenzfähig bieten. Draußen, außerhalb des mit viel Holz ausgestatteten Gastraums, der ohne weiteres auch in die Alpen passen würde, war eine kleine Terrasse mit Holzstühlen und einer Holzbank um einen Holztisch herum. Sie lockte mit Sonne und frischer Luft. Dort nahmen alle drei Platz. Die beiden Stühle, auf denen sie und er saßen, waren so platziert, dass man durch zwei hohe Laubbäume hindurch direkt auf den schimmernden Osorno schauen konnte. Die beiden riesigen Bäume wurden offensichtlich vom Gastwirt so geschnitten, dass sie einen grünen Rahmen für den weißen Kegel in der Ferne bildeten. Wiederholt waren beide durch dieses ihnen so plötzlich geschenkte Naturerlebnis so ergriffen, dass sie sich in die Arme gefallen wären, säße nicht der Fahrer ihnen gegenüber. Immerhin ergriff er impulsiv ihre zarte kleine Hand, was sie mit einem Blick in die Ferne zuließ und zahlte widerspruchslos die Zeche für die Dreiergruppe mit Vulkanaufschlag.

Die Ankunft im seit 1991 existierenden Hafen Chacabuco nach wunderschöner Seefahrt durch den Aysén-Fjord war für 10:00h geplant. Nach seinen bisherigen Erfahrungen auf diesem schönen, wenngleich auch schon älteren Schiff, sollte dieser Termin pünktlich eingehalten werden. Am gestrigen Abend hatten sie sich nach dem Dinner getrennt. Der Magier musste im Show-Room seine Vorstellung ohne sie geben. Beide waren von der längeren Autofahrt und den vielen besonderen Eindrücken müde und abgespannt. Sie wollte die Reste ihrer Magenverstimmung durch mehr Schlaf vollends überwinden.

Gemeinsam hatten sie von der Reling auf Deck 6 aus die sehr ruhige Fahrt durch den Fjord bei weiterhin sommerlichen Temperaturen und viel Sonne genossen. Die nächste Tagesplanung glich der gestrigen. Wiederum wollten sie versuchen, ein Taxi zu bekommen, welches sie vom Hafen aus über die alte Hafenstadt Puerto Aysén, die Mitte der 50iger Jahre durch schwere Waldbrände und 1960 durch einen Tsunami erheblich zerstört wurde, in das

Naturschutzgebiet am Rio Simpson bringen würde. Sie hofften, die „Cascadas de Virgen“ zu sehen und vielleicht auch bis in die größte Stadt der Region, Coihaique, am Simpson-River entlang zu fahren. Es gelang ohne Probleme, einen in der Nähe des Hafens wartenden Taxifahrer in der Landessprache davon zu überzeugen, für einen angemessenen Preis und im Rahmen der ihnen zur Verfügung stehenden Zeit die Fahrt bis Coihaique und zurück mit Stopps an den interessantesten Stellen zu übernehmen.

Sie überquerten die eindrucksvolle rote Brücke über den Rio Aysén, im Grunde die Verlängerung des gleichnamigen Fjords, die den Namen des Präsidenten Ibanez trägt. Danach fuhren sie in das kleine Städtchen Puerto Aysén am Zusammenfluss von Rio Palos und Rio Aysén, welches für Wanderer und Kajak-Enthusiasten Ausgangspunkt ihrer Touren ist. Wenige Kilometer später zweigte der Rio Simpson nach Osten ab. Sie folgten ihm auf einer gut ausgebauten Straße in Richtung Coihaique, hindurch durch gesunde Wälder, vorbei an gewaltigen Felsmassiven in Ufernähe des Flusses und einzelne Farmergehöfte passierend. Zirka 30 km von Puerto Aysén entfernt hatten sie die Virgen Wasserfälle erreicht, die sich sehr nahe an der Straße befanden.

Über einen anspruchslosen Klettersteg waren sie in wenigen Minuten zu erreichen. Zusammen mit anderen Touristen und einheimischen Ausflüglern ließen sie die Fälle auf sich wirken, die durch die beeindruckende Landschaft ringsherum weniger sensationell in Erscheinung traten. Den besten Blick auf sie hatte man von der Mitte der Brücke aus, unter welcher der Rio Virgen talabwärts in den Rio Simpson fließt.

Wenige Autominuten später erreichten sie auf Empfehlung des Fahrers eine weitere, weniger frequentierte Stelle mit einem kleineren, aber durchaus wegen seiner Höhe respektablen Wasserfall. Von der Straße aus war er nicht zu sehen. Sie mussten über ein Viehgatter und dann am abfließenden Bach entlang nach oben steigen, teilweise durch Unterholz, wobei er die sportlich gewandten Bewegungen der vor ihm gehenden Nicole ohne Einschränkung bewundern konnte. Mehr noch konnte er dies beim Abstieg durch das Flussbett. Nicole „tänzelte“ von Stein zu Stein, das böse Unterholz sicher vermeidend.

Nach weiteren 30 Kilometern kamen sie an eine Verbreiterung der Fahrstraße, die als Park- und Aussichtsplatz diente. Von hier aus hatten sie ringsum eine gute Sicht auf die grüne, von weißen Bergspitzen umrahmte Landschaft, insbesondere auf Coihaique, das Ziel ihrer Fahrt. Die Stadt schmiegte sich von ihrem Blickwinkel aus südlich an ein großes Bergmassiv von über 2000m Höhe. Nach Auskunft des Fahrers kommen die höchstgelegenen Häuser fast an diese Höhe heran. Bis zur Stadt und bergaufwärts zeigte sich die Natur im grünen Kleid. Dahinter jedoch, in Richtung zur argentinischen Grenze, beginnt die Pampa. Aus dem frischen Grün wurde ein unansehnliches Braun.

Trotz der ungünstigen Ankunftszeit in der prallen Mittagssonne erschien ihnen Coyhaique als eine durchaus lebendige Stadt. Ihr Taxi hielt an einem belebten Platz, auf dem, wie man schon erwarten konnte, volkstümliche Kleinkunst angeboten wurde. Die gezeigten Produkte waren jedoch nicht nach ihrem Geschmack. Viele Geschäfte blieben geschlossen, leider auch die Post. Doch das war schließlich kein Problem, denn während ihres ausführlichen Spaziergangs durch die Innenstadt gab es weder Postkarten noch Briefmarken. Sehr schade, denn einige Gebäude und die um sie herum angelegten Parkanlagen, vor allem aber die imposante Lage der Stadt, konnten sich sehen lassen. Nach einem Kaffee, der ähnlich unvollkommen wie der reguläre auf dem Schiff schmeckte, wanderten sie zurück zum Auto, wo der Chauffeur schon in der Sonne wartete. Weil die große Neugier auf die heutigen Ziele zu Beginn der Fahrt nun im Wesentlichen gestillt war, konnten sie während der bergab führenden Non-Stop-Rückfahrt mit mehr Anteilnahme die passierten Farmen und Gehege, die bizarren Felsformationen nahe des gegenüberliegenden Ufers am Simpson-River und jeweilige Punkte des persönlichen Interesses betrachten. Auf dem letzten Teil der Strecke, schon in Nähe des Hafens, blinkte ihnen das Schiff in der immer noch ungestört scheinenden Sonne aus dem natürlichen Hafenbecken entgegen. Das kurz vor der Abfahrt stehende und noch auf sie wartende Tenderboot brachte sie sicher wieder zurück zum Schiff.

Nach einem ruhigen gemeinsamen Dinner, abgerundet durch köstlichen chilenischen Weißwein, wanderten sie längs der Shopping – Meile an Bord zur Abendshow in den Show-Room auf den Decken 7 und 8. Angekündigt war heute eine sensationelle Frauenstimme, präsentiert von der Opernsängerin Fiona Jessica Wilson. Es freute ihn ungemein, dass Nicole trotz ihrer Liebe zur modernen populären

Musik, von sich aus vorgeschlagen hatte, diesen „klassischen“ Abend gemeinsam zu besuchen.

Beide waren sie begeistert. Die Sängerin hatte nicht nur eine vielseitige und gewaltige Stimme, die sie mit Ausschnitten aus „Carmen“ und „Königin der Nacht“ erschallen ließ, sondern auch eine sehr charmante und publikumsnahe Persönlichkeit. Stehenden Applaus wie heute gab es nicht bei jeder Show. Um ihre Eindrücke angemessen abklingen zu lassen, waren sie noch auf einen Drink in eine der Tanzbars gegangen. Lange nicht mehr, auch nicht als seine Frau noch lebte, war er auf einer so intimen Veranstaltung gewesen, bei der nicht der Tanz als solcher mit seinen jeweiligen Schrittfolgen im Vordergrund stand, sondern eher die Zweisamkeit der Paare und das Genießen der Barmusik in schummriger Atmosphäre. Natürlich fielen ihm die Profipaare vom Offiziersball sofort wieder auf, die auch hier ihre einstudierten Folgen über die kleine Tanzfläche „kurvten“. Und das auch noch, nachdem die letzten Takte der Musik schon verklungen waren.

Nicole nahm das alles sehr gelassen. Sie fanden in größtmöglicher Entfernung von der Band einen Zweier-Tisch. Er bestellte zwei Cocktails. Von der

Kuschelmusik und der allgemeinen Stimmung in der Bar umwölkt, hatten sie bald genügenden Abstand vom „klassischen“ Abend. Im Einklang mit seiner ihm in Erinnerung gebliebenen Erziehung wurde er seiner Mannesrolle gerecht und bat sie nach zwei verstrichenen Runden zum Tanz. Nicole zögerte zunächst ein wenig. Vielleicht konnte sie gar nicht tanzen, doch er fühlte sich im Recht, etwas drängeln zu müssen. Während des Blues, viele von diesen spielte man häufig an Bord, wurde ihm schnell deutlich, dass er seine Tanzkenntnisse schnellstens wieder aufpolieren müsste. Sie war eine hervorragende Tänzerin, die seine Führung so wie es sich gehört annahm und durch ihre natürliche Anmut weitere Akzente setzte. Zunehmend bemerkte er verstohlene Blicke der „Profis“. Als sie sich am Lift von Deck 6 verabschiedeten, duzten sie sich.

Der 11. November war ein Sonntag. Sie glitten knapp 500 Meilen mit angemessenen zwölf Knoten durch die eindrucksvolle Natur der chilenischen Fjorde in Richtung des Brujo Glacier. Die Ausfahrt aus dem Hafen von Chacabuco am gestrigen Abend, 18.32 Uhr, durch den Fjord Aisén hatten sie nur unvollständig durch die Panoramascheibe im Speisesaal verfolgen können. Freilich genossen sie dafür, jeder auf seine

Weise, einen informativen und fröhlichen Abend. Seiner ersten Eingebung im Blues-Schritt folgend, wollte er unbedingt die dargebotenen Tanzstunden zusammen mit Nicole wahrnehmen. Bisher hatte er sie jedoch noch nicht zu Gesicht bekommen. Nach seinem späten Frühstück im Lido rief sie ihn in seiner Kabine an, bedankte sich herzlich für den gestrigen Abend, kündigte aber gleichzeitig an, dass sie den heutigen Seetag dazu benutzen wolle, ihr bisher gesammeltes Material zu ordnen, Unnötiges auszusortieren und ihre „Sammlung von Stichpunkten" in lesbare Form zu bringen.

„Dir ich sagen muss, dass auf Schiff nicht nur Urlaub is, nee!"

Er genoss es, dass sie ihn ganz natürlich duzte, bedauerte auch nicht, selbst einen unabhängigen Tag zur Besinnung zu haben. Sie würden sich am Abend zum Dinner sehen und danach vielleicht einen weiteren tänzerischen Höhepunkt erleben.
Daraus wurde nichts. Dafür trafen sie sich am Montag schon gegen 8:00 Uhr morgens beim Frühstück, um die nach Logbuch für 9.48 Uhr angekündigte Ankunft am Brujo Glacier gemeinsam zu erleben. Ein moderater Wind, nur leicht bewölkter Himmel

und nicht sehr abschreckende 9° bis 10°C waren die Begleitumstände. Rings um das Schiff schwammen schon größere Eisschollen. Man hörte es, wenn die größten von ihnen gegen die doppelwandige Bordwand prallten. Die den Kanal begrenzenden Uferformationen weiteten sich allmählich zu einem strömungslosen Becken, in dessen Umrandung der helle und bläulich schimmernde Gletscher zu gleiten schien. Das Schiff verharrte einige Zeit in dieser Gletscherbucht. Die Passagiere bevölkerten das Außendeck, sich gegenseitig fotografierend und dabei den Blick auf den Gletscher nicht vergessend. Einige von ihnen präsentierten, so war sein Eindruck, ihre neueste alpine Wintermode, die wohl bald beim weihnachtlichen Skivergnügen oder, wahrscheinlicher, beim Aprés-Ski zum Einsatz kam. Nicole und er passten so gar nicht in dieses Getümmel in ihrer vergleichsweise bescheidenen „Winterbekleidung", die weniger durch modische Überlegungen als vielmehr durch ihren Nutzen und den benötigten Platz im Koffer ausgewählt wurde. Aber es war doch insgesamt ein eigenes Bild, welches die winterlich bunt gekleideten Menschen auf dem sich in morgendlicher Feuchte spiegelnden Deck vor dem majestätischen Gletscher im Hintergrund bildeten. Ein unwirkliches Bild, denkt man an die vielen Seefahrer, die ehemals in dieser Region um ihr Leben bangen mussten.

Ein jugendliches Pärchen, wohl Mitglieder der Crew, denn sonst waren ja vorwiegend nur älteree Passagiere an Bord, bat darum, ein Foto von ihnen und dem Gletscher im Hintergrund zu machen. Er schaffte dies nach einigen technischen Hilfen, denn Fotografieren war nicht sein größtes Hobby. So bedauerte er es nicht, dass auch Nicole weniger Interesse an diesem „Zeitvertreib" hatte.
Aber wie wird seine Erinnerung einmal sein?

Sie gingen wieder ins Innere des Schiffes zurück, um einen heißen Tee zu trinken, gemütlich in einem der Sessel an einem der Panoramafenster versunken. Das Bild von draußen verschwand. Hier umfingen sie wieder der Luxus und die wohlige Wärme des Schiffes. Kleiderfragen brauchten überhaupt nicht gestellt zu werden. Doch wiederholt musste er an die Beschreibungen von Stefan Zweig über die Entdeckung der Magellanstraße denken, die allerdings nicht auf ihrer, sondern auf einer ähnlichen Route erfolgte. Was war es doch für ein geradezu göttliches Geschenk für sie, von all diesem Luxus hier umgeben durch eine Landschaft zu gleiten, die vor zirka 500

Jahren den Seefahrern, die es bis hierher geschafft hatten, wenige Chancen ließ. Die Straße der Tränen, wie die Magellanstraße auch genannt wurde und die sie in Richtung der südlichsten Großstadt der Welt, Punta Arenas, ohne irgendein Problem befuhren, konnte er nur unter dem Eindruck seiner gelesenen Beschreibungen und der sich daran anschließenden jugendlichen Phantasien als eine gefahrvolle Passage erkennen.

Nicole war in dieser Hinsicht wohl unvorbelastet. Sie genoss die wilde Natur, die zwar monotonen aber immer wieder beeindruckenden Ansichten der weiß bedeckten Bergketten am nahegelegenen Ufer, der durchfahrenen Buchten und Abzweigungen, hin und wieder auch der sich über flachere Bergrücken hinweg öffnenden Landschaft. Dieses südliche Chile ist kein Festland im üblichen Sinne, sondern eine dicht gedrängte Mischung aus Inseln, Gletschern, Kanälen und anderen schmalen wie weiten Wasserstraßen. Er hatte sich nicht vorstellen können, dass eine so große Stadt wie Punta Arenas, die er auf seinen ungenügend aufgelösten Karten immer „mittendrin“ fand, auf dem Wasserwege von einem so großen Schiff mit über 2000 Menschen an Bord bequem erreicht werden konnte. Freilich musste er diesen gegenwärtigen Eindruck sofort wieder korrigieren, wenn er daran dachte, dass Winde, Wetter und gefährliche Strömung innerhalb dieser Wasserwege der „Estrecho de Todos los Santos“ (Allerheiligen Straßenenge), wie Magellan sie 1520 bei seiner Erstbefahrung nannte, allen Schiffsleuten mit ihren Schiffen schnell zum Verhängnis werden konnten. Viele Wracks auf dem Meeresgrund sprachen eine beredte Sprache. Zum Beispiel das Santa Leonor Wrack im Smith Channel, welches sie aber nicht sehen konnten.

Dieser eindrucksvolle Seetag, der sie mit der Einfahrt in die Magellanstraße heute am Morgen gegen 8:30 Uhr und dem Aufenthalt am Brujo Gletscher, durch den Sarmiento Kanal, den Gray Kanal und weitere Wasserstraßen führte, war natürlicherweise Hauptthema beim abendlichen Dinner. Sie sollten Punta Arenas am nächsten Morgen schon sehr zeitig erreichen und beschlossen, eine Tour zur Otway Bay in privater Initiative zu machen, um die berühmten Magellan-Pinguine und andere in dieser südlichen Region unserer Welt lebenden Tiere zu sehen.

Bei den Magellan-Pinguinen und zu Fuß zur Schneegrenze

Pünktlich 6.30 Uhr erreichten sie den Hafen von Punta Arenas bei etwas frischerem Wind, bewölktem Himmel, aber schon 11°C, die sich im Laufe des Tages noch deutlich erhöhen sollten. Chiles südlichste Großstadt entwickelte sich wegen der Schafwolle, den ergiebigen Ölvorkommen und der Fischerei zu einer sauberen und wohlhabenden Stadt mit stolzen Einwohnern, die sich weniger als Chilenen, denn als Magellanicos empfanden. Das Straßenbild war nüchtern, das Leben auf ihnen entsprach dem einer europäischen Stadt von hunderttausend Einwohnern. Viele junge Leute waren auch hier wieder unterwegs. Zusammen mit einem Ehepaar nahmen sie in einiger Entfernung vom Hafen ein Taxi und ließen sich zunächst über eine gut ausgebaute Autobahn, vorbei am Airport, und dann auf einer Schotterstraße zur Otway Bay fahren. Unterwegs gab es einige Gelegenheiten, chilenische Gänse und Nandus, die kleinere graue Straußform mit ihren großen Augen, zu bewundern. Dieses musste aus respektvoller Entfernung geschehen, denn die Tiere waren noch in der Brutphase.

Der große Binnensee Otway liegt zwischen der Halbinsel Braunschweig und der Insel Riesco. Das Gebiet wird im Süden von der Magellanstraße eingerahmt. Im gleichnamigen Nationalpark, der sich am See entlang über einige Kilometer erstreckt, sind es vor allem die Magellan-Pinguine, die neben Wissenschaftlern viele Touristen anlocken. Durch Konstruktion von erhöhten Holzbohlenwegen durch die flache, feuchte Graslandschaft, sind viele Teile gut zugänglich. An Brutstätten der Gänse und der Pinguine vorbei, die durchaus auch in unmittelbarer Nähe des Weges nisteten, gelangte man zu einer Aussichtsplattform. Von hier aus konnten sie am vormittäglichen Leben der Magellan-Pinguine in „ihrer" Bucht teilnehmen. Die Pinguine badeten, sonnten sich und watschelten paarweise zum Teil mehr als 2 km landeinwärts zu ihren Brutstätten im Boden, durch weniger als mannshohes Buschwerk geschützt. Fotografieren war erlaubt. Nicole fotografierte ein Pärchen nahe ihres Weges. Putziger Weise fiel der eine Pinguin, wohl das Männchen, nach dem Foto einfach um. Er hatte sich für das Foto zu sehr in Position gebracht.

Es wehte nur noch ein leichter Wind, die Sonne hatte sich durchgesetzt, die Luft war märchenhaft klar. Beide atmeten aus voller Lunge, genossen das Zwitschern der ihnen unbekannten Vögel und den berauschenden Blick über das Wasser hinweg auf eine im Horizont liegende, mit Schnee und Eis bedeckte Bergkette. Am Himmel konnten sie ein Kondor-Paar in gravitätischem Flug beobachten, das durch einen zänkischen Adler mindestens ein wenig irritiert wurde. Es war erneut ein derart vollkommener Natureindruck, dass sie nicht umhin kamen, eine Teilstrecke Hand in Hand über die Holzplanken zu gehen.

16:00 Uhr mussten sie wieder auf dem Schiff sein. So blieb wenig Zeit für ein ausführliches Kennenlernen der Stadt. Der Fahrer brachte sie über die Avenida Bulnes wieder in die Stadt zurück, vorbei am großen städtischen Friedhof und am Stadion, dem Kulturhaus und der Kathedrale. Für einen kleinen Rundgang hielt er an der „Plaza Munoz", um sie dann zu zwei Aussichtspunkten auf den Cerro de la Cruz oberhalb der Avenida Espana zu bringen. Von dort aus hatten sie einen Rundumblick über die bunten Dächer der Stadt auf ihr Schiff, die Magellanstraße und Feuerland. In dieser Stadt ließ es sich sicher eine Zeit lang ruhig leben. Man konnte die umliegende vielfältige Natur erkunden, die

Nationalparks ausführlich besuchen und Kurzreisen über die Magellanstraße nach Feuerland machen. Und alles das mehr als 2000 km südlich von Santiago de Chile, bei gesundem und angenehmem Klima, in einem Teil der Welt, den er bisher als ungastlich, kalt und eher abstoßend erwartet hatte.
Was für ein Irrtum.

Am nächsten Tag erreichten sie durch den Beagle Kanal in den späten Mittagsstunden die Hauptstadt der argentinischen Provinz Ushuaja. Er fand überraschend, dass Ushuaja weiter vom Südpol entfernt ist als Moskau vom Nordpol. Die Stadt liegt am 55. Breitengrad, wie vergleichsweise auf der nördlichen Halbkugel Sylt in Deutschland, und am südlichen Rand von Feuerland am Beagle Kanal. Es war unglaublich, denn wieder begrüßten sie ein nur leicht bedeckter Himmel, schwacher Wind und mehr als 15°C. Zum Nationalpark Feuerland war es nicht weit. Viele Forscher und Abenteurer wählten Ushuaja als Ausgangspunkt für ihre Antarktisexpeditionen. Die Stadt soll eine der am schnellsten wachsenden Städte in Argentinien sei. Schon vom Schiff aus hatten sie einen eindrucksvollen Ausblick auf die sich an die umliegenden und nahe gelegenen über 1000m hohen Berge anschmiegende Bebauung. Eine tolle und einmalige Lage.

Durch den Beagle Kanal hindurch führt die Grenze zwischen Chile und Argentinien. Wie ein Keil stößt der argentinische Teil Feuerlands in das chilenische Gebiet. Zwischen den Menschen beider Nationalitäten herrschten Eintracht und sicherer Frieden. Chilenen, die nach Norden wollten, benutzten ohne Probleme die argentinischen Straßen, insbesondere die weltberühmte Ruta 3, die 20 km hinter Ushuaja endet. Alle Menschen, die er auf chilenischer wie später auf argentinischer Seite diesbezüglich fragte, bestätigten eindeutig und einstimmig dieses einträchtige Nebeneinander. Die Rangstreitigkeiten, ob nun Ushuaja oder das 30 Meilen entfernte Puerto Williams auf chilenischer Seite als südlichste Stadt der Welt zu zählen sind, sollten wohl nur touristischen Zwecken dienen. Die Großstadt Punta Arenas ist von Ushuaja 650 km entfernt. Dabei ist eine zweieinhalbstündige Fahrt über die Magellanstraße zu berücksichtigen.

Schon am gestrigen Abend hatten sie während des Dinners überlegt, ob sie die Tour mit dem „Zug zum Ende der Welt“ durch einen Teil des Nationalparks Feuerland machen sollten. Diese Frage beantwortete sich an Land von selbst, weil keine freien Plätze mehr vorhanden waren. So folgten sie einem Vorschlag, zum Bergzentrum des Martial Gletschers zu fahren, dort den Sessellift bis auf eine Höhe von 585m über dem Meeresspiegel zu nehmen und danach noch zirka einen Kilometer, aber fast 500 Höhenmeter, bis zum Fuß des Gletschers zu gehen. Sie hörten in einem ansässigen Reisebüro, dass man von dort oben Traumblicke über den Beagle Kanal auf die chilenische Insel Navarino hätte. Das Wetter war jedenfalls bestens dafür geeignet. Sie fuhren für wenige argentinische Pesos zur Plataforma inferior (untere Plattform) in 385 m Höhe und stellten verwundert fest, dass der Sessellift wegen Renovierung nicht in Betrieb war. Da sie jedoch erst 19:00 Uhr an Bord sein mussten, beschlossen sie schnell, so weit und so hoch zu steigen, wie ihre Füße sie tragen.

Bis zur Plataforma superior stiegen sie entlang einer schneefreien Skipiste. Der Wunsch, diese bei gutem Schnee zu befahren, war ihm allgegenwärtig. Kurze Halts mit freien Blicken ins Tal und auf den Beagle Kanal verstärkten diesen Wunsch. Weiter oben konnte man sogar das Schiff im türkisblauen Wasser liegen sehen. Zeitweise ging Nicole mit fraulichem und sicherem Schritt voran. Er musste keinerlei Bedenken bezüglich ihrer Kondition haben. Erstaunlich für eine Indonesierin. Die obere Bergstation lag zugleich an der Schneegrenze. Ein Weitergehen war deshalb und wegen der fortgeschrittenen Zeit nicht mehr möglich. Gemeinsam standen sie auf der oberen Plattform wiederholt eng nebeneinander und nahmen Abschied von den einmaligen und unvergesslichen Bildern am südlichen Rand der Welt.

Der Abstieg war erstaunlich schnell geschafft.
Sie tranken noch einen Kaffee im Blockhaus an der Talstation und fuhren mit einer der auf dem großen Parkplatz ausharrenden Taxen zurück in die Stadt. Noch bunter als in Punta Arenas kamen ihm die Häuser in Ushuaja vor. Die kleinen Hotels wirkten sauber und gut gefüllt. Zwei Kirchen an ihrem Weg betrachteten sie von außen. An einem rustikal gefertigten Wegweiser mitten in der Stadt blieben sie stehen. Die Angaben

„Antarktis 1000km, Moskau 15996km, Madrid 12700km“,

machten ihnen zum wiederholten Male deutlich, dass sie sich am „Ende der Welt“ befanden. Aber sie waren an einem Ort, in dem das Leben pulsiert, in dem man alles kaufen kann, in dem die Menschen friedfertig und freundlich sind – und abgehärtet! Tatsächlich sahen sie Einige in kurzen Hosen oder in Bikini ähnlichen Oberteilen.

Kap Hoorn im Sturm

Den 15. November hatte er ganz besonders herbeigesehnt. Dieser Tag war ihm der Hauptanlass für diese Reise überhaupt. Heute wurde das Kap Hoorn umrundet. Wie die in Erinnerung gebliebenen Schilderungen Stefan Zweigs über die Entdeckung der Magellanstraße, hatten ihn schon seit früher Jugend Seefahrer- und Seeräubergeschichten gefesselt, in denen die Naturgewalten am Kap Hoorn beschrieben wurden. Seit jenen Tagen war in ihm ein riesiger Respekt vor diesem fernab gelegenen und für ihn unerreichbaren Teil der Erde gewachsen. Aus Furcht vor eventuellem Unglück hatte er sogar erwogen, diese Reise überhaupt nicht anzutreten. Es geschah ja so viel auf den Weltmeeren, und schließlich waren dort am Kap Hunderte von Schiffen verunglückt. Unzählige Menschen hatten ihr Leben verloren. Allein der Gedanke an den Herzenswunsch seiner verstorbenen Frau, ein einziges Mal im Leben den Urgewalten, den Stürmen und der Übermacht der Wellen am Kap Hoorn ausgesetzt zu sein, hatte ihn schließlich dazu bewogen, diese Reise sozusagen auch stellvertretend für seine Frau zu unternehmen.

Heute sollte es soweit sein. Wiederum zweifelte

er nicht an der Pünktlichkeit des Schiffes, die sich bisher über Hunderte von Meilen hinweg immer wieder bestätigte. Kurz vor 6:00 Uhr kamen sie auf geradlinigem südlichen Kurs seit der Ausfahrt aus dem Beagle-Kanal an der Inselgruppe um das Kap Hoorn herum an und umrundeten das Kap in anderthalbstündiger Fahrt. Nach einer Durchsage im Bordfunk waren die Wellen bis zu zehn Meter hoch. Im Inneren des Schiffes war es ruhiger, wenngleich hin und wieder Gläser klirrten und Porzellan zersprang. Aber seine Ängste verflogen und Zweifel an seiner Erinnerung an die Jugendlektüre wuchsen.

Doch draußen tobte ein nie erlebter und gewaltiger Sturm. Ganz wenige mutige Passagiere hatten sich in windgeschützten Nischen zum Fotografieren eingefunden. Nicole drängte mit ihm nach draußen. Sicherlich war sie starke Stürme aus ihrer Heimat gewöhnt, dennoch nötigte ihm dieses völlig selbstverständliche Verhalten bei diesen Naturgewalten einigen Respekt ab. Er fühlte in diesem Moment eine übergroße Nähe zu seiner verstorbenen Frau. Die Decktür musste er mit aller Kraft halten, damit sich Nicole nach draußen winden konnte. Um nicht sofort weggeweht zu werden, klammerte sie sich an ein Wandgeländer. Er kam ihr zu Hilfe.

Eine plötzliche Pause im Sturmgetöse nutzten sie, um auf dem Deck wenige Schritte voranzukommen. Doch der Sturm setzte augenblicklich wieder ein. Der Gedanke, dass sie beide abheben würden, um über die Reling geweht zu werden, war in diesen Momenten nicht abwegig. Ihre Schwerkraft und ihr geradezu manisches Festklammern an allen sich bietenden Wandbefestigungen waren glücklicherweise stärker. Sie gelangten mit vom Wind beeinträchtigten, unbeholfenen und wankenden Schritten glücklich zurück zur schweren Decktür. Er musste Nicole festhalten und eng führen. Sie flöge ihm sonst für immer davon, dachte er. Trotz der widrigen Begleitumstände nahm er in diesen kurzen Augenblicken jedoch ihren warmen Körper wahr und hatte das Gefühl, dass sie sich gern helfen ließ und sich auch an ihn klammerte. Endlich wieder im Schutz des Schiffes, verweilten sie einen Moment, um zu Atem zu kommen. Sie glaubten nun an die fast zehn Meter hohen Wellen.

Kap Hoorn hatte seine „stürmischen" Erwartungen erfüllt.
Mit dem frischen Westwind fuhren sie südlich am Kap Hoorn vorbei zurück auf ihren Kurs nach Puerto Madryn. Noch in Deutschland hatte er

geglaubt, man könne das Festland der Islas Hornos vom Schiff aus per Boot erreichen. Doch sie wurden darüber belehrt, dass es nur kleineren Schiffen oder speziellen Booten möglich war, Landungs-Möglichkeiten zu finden. An Land müsste man dann einen Felsen emporkletterten, um sich zum Beispiel in einer kleinen Poststation auf dem Kap Hoorn in ein Logbuch einzutragen. Sie beide hätte dies mit Sicherheit nicht abgeschreckt. Heute stehen auf dem Felsenmassiv des Kaps eine meteorologische Station und eine Radiostation der chilenischen Marine, nur von Chilenen in Ausübung der jeweils nötigen Tätigkeiten bewohnt.

Auf ihrem Kurs seit der Ausfahrt aus dem Beagle-Kanal hatten sie zuerst die Islas Barnevelt passiert. Diese waren am 29.Januar 1615 von Isaac le Maire und den Schouten-Brüdern zuerst entdeckt worden, bevor sie am gleichen Tage abends den „kriechenden Löwen" entdeckten. Die Form des Felsens gab Anlass zu diesem Namen. Die Bezeichnung „Kap Hoorn" ehrt die holländische Stadt Hoorn, welche die Reise der Seefahrer initiierte. Die Spanier nannten das Kap ehemals „Cabo de Hornos" (Kap der Öfen) wegen der legendären Feuer auf Feuerland. Er hatte geglaubt, dass in dieser kaum fünfhundert Meilen von der Antarktis entfernt liegenden Region Eis und Schnee zur Tagesordnung gehörten. Umso größer war seine Verwunderung darüber, dass es am Kap wegen der konstanten Meerestemperaturen von etwa 8° C rund ums Jahr kaum Schnee, aber sehr viel Regen gab. So ähnlich wären dann auch die Lufttemperaturen auf den vielen Inseln. Bei ihrer Umrundung hatten sie genau diese 8°C Lufttemperatur. Vieles musste er noch nachlesen, mit Nicole darüber reden. Das Programm für den morgigen Tag auf See war abgesteckt.

Das Abendprogramm im „Showroom at sea" reizte sie am heutigen Abend nicht. Auch wollten sie sich heute Abend nicht von der Musik der 70iger in „Crow´s Nest" oben auf Deck 12 zum Tanz verführen lassen. Eines musste aber noch getan werden. Während ihrer Abwesenheit in der Kabine war Post im Fach an der Kabinentür hinterlegt worden. Es handelte sich um eine Urkunde, die der Kapitän und Master des Motorschiffes allen Passagieren aus Anlass der Umrundung des Kap Hoorn ausgestellt hatte. Diese musste noch in Ruhe angeschaut werden.

Der Kapitän schrieb:

„An alle, die dieses Kap umrundet haben.
Die zwei holländischen Söhne des Seefahrers Isaac La Maire & die Schouten Brüder brachen 1616 zu einer gefährlichen Expedition auf. Diese bestand aus zwei Schiffen. Das Ziel war eine Route zum Pazifischen Ozean, südlich der Magellanstraße, zu finden. In der Nacht des 26. Januars 1616 sahen sie Land. Es hatte die Form eines schlafenden Löwen. Man gab diesem Land den Namen „Kap Hoorn“ nach der holländischen Stadt Hoorn.

Hiermit geben wir bekannt, dass
- Name des jeweiligen Passagiers -
in „Tradition of Excellence“
auf einer Breite von 56 Grad 00 Minuten Süd und einer Länge von 67 Grad 22 Minuten West am 15. Tag des Monats November an Bord von Holland America Line´s Schiff das Kap Hoorn umrundet hat.“

Die Urkunde war unterschrieben vom Kapitän und mit einem Landkartenausschnitt versehen, auf dem die Große Insel Feuerland und das Kap Hoorn zu sehen waren.

Solcherlei Urkunden waren schon diverse in seinem Besitz, zum Beispiel auch jene anlässlich der

Äquator-Überquerung während dieser Kreuzfahrt. Die Urkunde zur Umrundung des Kap Hoorn jedoch würde er in seinem „Studierzimmer" neben den vielen Fotos aus der glücklichen Zeit mit seiner Frau einen Ehrenplatz zuteilen.

Den zweiten Tag auf See hatten sie wie geplant mit dem Vorhaben verbracht, alles Erreichbare über das Kap Hoorn und die Magellanstraße in der Bibliothek oder über die Crew zu beschaffen, es zu studieren und den gestrigen Tag „nachzuarbeiten". Auch Nicole beteiligte sich rege daran. Irgendwie, so dachte er, war ja ursprünglich die Erreichung der Heimat von Nicole das Ziel der mutigen Seefahrer Ende des 16. und Anfang des 17.Jahrhunderts. Im Grunde wurden deshalb die Magellanstraße und das Kap Hoorn entdeckt.

Gegen Mittag hatten sie den 48. südlichen Breitengrad erreicht. Damit waren sie schon auf etwa einer südlichen Breite wie Puerto Montt auf der chilenischen Seite. Sie hatten moderate See und 11°C, aber eine stürmische Brise, die das längere Aufhalten in Kabine und Bibliothek entschuldigte. Ursprünglich war vorgesehen, an den Falkland-Inseln Halt zu machen. Aus angeblich meteorologischen Gründen konnte dies nicht realisiert werden. Als Ausgleich würden sie dafür in Puerto Madryn, Argentinien, anlegen. Er hätte sich nicht entscheiden können, wenn er die Qual der Wahl gehabt hätte. Beide Ziele waren für ihn unbekannt. Über das Fernsehen wusste er immerhin, dass die Bucht um den Hafen von Puerto Madryn und insbesondere die anliegende Halbinsel Valdez unter Naturliebhabern und Tierfreunden aus aller Welt einen sehr hohen Stellenwert besaßen. Wer Seelöwen, Seeelefanten und Wale aus der Nähe sehen wollte, musste dorthin. Nicole war deshalb auch sofort einverstanden, ein gerade mal zehn Meilen von Puerto Madryn entferntes Naturschutzgebiet aufzusuchen, um dort Seelöwen in ihrer natürlichen Umwelt zu beobachten. Die beschriebenen Ziele um die Halbinsel Valdez herum waren zu weit entfernt, um sie im Rahmen der ihnen zur Verfügung stehenden Zeit zu erreichen. Dafür hätten sie aber noch Raum und Zeit für eine kurze Stadtbesichtigung.

Der einheimische Taxifahrer brachte sie nicht nur zu den Seelöwen und zurück, sondern schloss noch eine kleine Rundfahrt durch die Stadt mit sachkundigen Kommentaren an. Beide hatten Seelöwen natürlich schon in Zoologischen Gärten und den verschiedensten Dokumentarfilmen gesehen.

Dennoch waren der unmittelbare Kontakt mit diesen geselligen Tieren in freier Wildbahn, ihr Treiben in der türkisfarbenen See, das wachsame Verhalten der Bullen gegenüber ihrem Harem und die Bemühungen der gesamten Tierfamilie um ihre Jungen, mehr als nur ein Ersatz. Auf der Rückfahrt über eine breite Schottertrasse, die Staub aufwirbelnd in rasantem Tempo bewältigt wurde, kamen sie an der Stelle vorbei, an der sich ein Teil der 150 Immigranten aus Wales im Jahre 1865 ein erstes Zuhause geschaffen hatte. Von diesem waren allerdings nicht mehr als zwei in das steinige Meeresufer gegrabene Höhlen zu sehen. Ganz in der Nähe stand ein Denkmal zur Erinnerung an einen Stamm der Ureinwohner Patagoniens, ein großer Tehuelche auf einem imposanten Sockel. Erstmals erwähnt wurde ein solcher „Riese" vom Bordschreiber Magellans während ihrer Passage nach Süden entlang der Ostküste des heutigen Patagoniens. Diese Menschen sollen nicht nur groß und athletisch gebaut gewesen sein, sondern sie besaßen auch riesige Füße. Magellan taufte sie „Pataghoni". Nachfahren dieser ursprünglich in Patagonien lebenden und Sagen umwobenen Einwohner leben heute wahrscheinlich nicht mehr auf der Erde. Der Taxifahrer erwähnte allerdings am Rande, dass irgendwo auf der Welt noch eine alte

Frau als letzte Vertreterin dieser Ureinwohner leben soll.

An der sehr großzügigen Uferpromenade der Stadt, von der aus sie häufig gute Blicke auf ihr Schiff hatten, kehrten sie ein und tranken einen kubanischen Kaffee. Dieser Kaffee schmeckte ihm besser als der stärkste Kaffee auf dem Schiff. Obwohl die saubere Stadt sicherlich noch einige weitere Anziehungspunkte zu bieten hatte, denn nicht von ungefähr kamen regelmäßig viele Touristen aus Buenos Aires und Umgebung hierher, entschlossen sie sich zur Rückkehr auf das Schiff. Es lockten die Abendshow „Encore“, in der das fast komplette Ensemble brillieren wollte, und daran anschließend 22.30 Uhr der zweite „Black and White“-Ball mit den Offizieren des Schiffes. Er registrierte mit großer Genugtuung und Freude, dass Nicole darauf bestand, sich in Ruhe

„für de Abend scheen zu mache!“.

Black and White

Die Show war schon deshalb ein besonderes Erlebnis, weil alle Zuschauer in Anbetracht des unmittelbar bevorstehenden Balles in festlicher Kleidung erschienen waren. Er stellte das fest, obwohl er seine Augen immer wieder auf Nicole richten musste. Sie hatte sich derart schick gemacht, dass ihm jegliche Worte fehlten. Zu dem langen und sehr eng anliegenden geschlitzten Kleid mit einem Dekolleté an der Grenze zum Erlaubten, trug sie über die Schultern eine weiße Fellstola, die hin und wieder Blicke auf ihren Körper darunter frei gab. Geschminkt war sie sehr zurückhaltend. Aber sie hatte es geschickt verstanden, mit wenig Farbe kontrastreiche Verschönerungen auf ihrer hellbraunen Haut anzubringen. Um Hals und Handgelenk trug sie je eine feingliedrige goldene Kette, nicht mehr. Er fand, dass diese Garderobe hervorragend dazu diente, ihre natürliche Schönheit besonders zu betonen. Sie bemerkte seine verstohlenen Blicke und sagte, als ob sie sich entschuldigen müsste:

„Diese Abendkleid is neu. Mein Mann hat mir geschenkt für Kreuztour. Ich habe es erstes Mal an!“

Seine eher gestammelte Antwort sollte wohl so viel heißen wie, dass es hervorragend aussehe und noch hervorragender zu ihr passe und dass ihr Mann einen guten Geschmack hätte. Mit einem Nicken nahm sie seinen Arm und führte ihn zu einem der vorderen Plätze an einem kleinen Tischchen unmittelbar vor der Bühne. Hier saß man Auge in Auge mit den Sängerinnen, Sängern und Tänzerinnen. Auf dem Weg zum Tischchen bemerkte er sehr wohl die bewundernden Augenpaare, die auf sie gerichtet waren. Er sah ja schließlich in seinem weißen Dinnerjacket, der schwarzen Hose seines Smoking und der schwarzen, mit einem Brillanten besetzten Fliege auch nicht gerade schlecht aus. Auf seinen Wink hin, näherte sich eine Stewardess. Er bestellte Champagner.

Das Programm war ausnehmend gut. Einige amerikanische Gäste betonten später, dass es sich im Vergleich zu den Programmen auf anderen amerikanischen Kreuzfahrtschiffen um eines der besten handele. Das sei vor allem das Verdienst des sehr jungen Kreuzfahrtdirektors des Schiffes. Sie hatten oft Gelegenheit, zu applaudieren und während dieser erzwungenen Programmpausen am Glas zu nippen. Gegen seine Erwartung trank Nicole zügig, aber ein weiteres Glas wollte sie nicht annehmen. In ihm wuchs die Vorfreude darauf, diese schöne Frau an seiner Seite beim Tanz endlich in den Arm nehmen zu können. Diese Freude wuchs, während er die in ihrer Schönheit glänzende, gut duftende und erregend schlanke Nicole zum Dinner führte. „Surf and Turf" wählten sie beide als Hauptgericht. An den sicherlich exzellenten Geschmack konnte er sich schon beim Dessert nicht mehr erinnern, denn seine Gedanken waren schon „black and white".

Sie nahmen in der zweiten Plüsch-Reihe links neben der Bühne Platz. Von dort aus hatte man einen sehr guten seitlichen Blick auf die Bühne. Vor ihnen auf der ersten Reihe hatten die „Profi"-Paare Platz genommen, die man schon beim ersten Offiziersball bestaunen konnte. Während sich „Sharon & the Halcats" auf der Bühne einrichteten und ihre Instrumente abstimmten, diskutierten die Profis vor ihnen schon über die zu erwartenden Tänze und sprachen offensichtlich einige wesentliche Tanzfolgen ab. Ein Paar, welches er anfangs für ein deutsches hielt, saß gelangweilt etwas abseits. Nicole erlaubte nun, dass er für sie beide wieder ein Glas Champagner bestellte. Zusammen mit dem Wein beim Dinner war das seiner unwesentlichen Meinung nach eine ganze Menge an Alkohol, der Nicole heute zusprach. Er würde gut auf sie aufpassen.

Pünktlich 22.30 Uhr marschierten die Herren und Damen Offiziere über die elegant geschwungene Treppe auf die Tanzfläche, dieses Mal aber ohne Kapitän. Die Musik setzte ein, Sharon eröffnete kurz mit ihrer rauchigen Stimme, und alle männlichen Offiziere verteilten sich im Saal, um sich eine Tänzerin aus dem Publikum zu holen. Unwillkürlich hielt er Nicole fest, damit sie ihm nicht genommen wurde. Auf ihren erstaunten Blick hin, ließ er sie wieder frei. Es gab auch keinerlei begründete Befürchtung. Die Offiziere hatten sämtlich ihre Tanzpartnerin gefunden. Nur wenige Minuten hielten sich die Profis der ersten Reihe auf ihren gepolsterten Sitzen, dann griffen auch sie ins Geschehen ein. Die Damen blickten allesamt ernst, als wäre eine Prüfung zu absolvieren. Die Herren zeigten ein steinernes Lächeln, oder eine geradezu verzückte Gesichtspose, wie der Tänzer aus Taiwan unmittelbar vor ihnen auf der sich füllenden Tanzfläche. Inzwischen waren wie schon beim ersten Offiziersball viele Mitglieder des Ensembles, Männer wie Frauen, in den Show-Room gekommen und hatten unmittelbar hinter ihnen Platz genommen. Auch sie beteiligten sich am Tanz, anfangs ruhig und verhalten, später ausgelassen wild und fröhlich. So hatte er erstmals in seinem Leben aus nächster Nähe Gelegenheit, Ballett-Tänzerinnen in Ausübung ihres Berufes und wenige Stunden später hier beim Gesellschaftstanz zu sehen.

Was er vermutet hatte, zeigte sich:
Sie tanzten anspruchsvboller allein auf der Bühne als auf dem Tanzsaal zusammen mit einem Herrn. Doch das war alles nicht wesentlich. Heute ging es um Fröhlichkeit, etwas Ausgelassenheit und Spaß. Nicole blickte mit großen interessierten Augen auf die tanzenden Paare, auf deren Füße, ihre Körperhaltung und die Abfolge der Schritte, als wolle sie in Gedanken die ihr bekannten Folgen von Foxtrott, Walzer, Jive, Disko Fox und immer wieder Blues durchgehen. Dem musste er ein Ende setzen.

So erhoben sie sich und zwängten sich an zwei weiteren Paaren der zweiten Reihe vorbei auf die Tanzfläche, wobei er stets darauf bedacht war, Nicole einen guten Weg zu bahnen. Die letzte Stufe zum Parkett hatten sie eben erreicht, als Sharon mit ihrer Band eine Pause machte. Einige der Paare kamen nun auf sie zu und hätten sie sicher wieder in ihre Reihe gedrängt, wenn er nicht geistesgegenwärtig mit

Nicole zusammen ein, zwei Schritte von den Profis weg auf die Tanzfläche gemacht hätte. Irgendetwas sagte er zu Nicole, seinen Mund dicht an ihrem Ohr, von dem er schon wenige Augenblicke später nicht mehr wusste, was es gewesen sein könnte. Aber zeitraubend genug musste es gewesen sein, denn als er den Kopf hob, setzte die Musik wieder ein. Mit ein paar entschuldigenden Worten teilte Sharon mit, dass nun obligatorisch der Walzer des Abends käme. Er war entzückt. Trotz aller nötigen Anstrengungen liebte er den schnellen Walzer, um fast gleich wieder zu verzagen, denn er wusste ja nicht, ob auch Nicole diese Vorliebe hatte. Die Unsicherheit war schnell „vom Parkett", denn sie war geradezu eine Walzerkönigin. Federleicht lag sie in Tophaltung in seinen Armen und folgte seinem rücksichtsvoll drängenden rechten Knie in jede geplante Richtung. Auch die weniger beliebte schnelle Linksdrehung gelang ihr ohne Mühe. Schon nach wenigen Augenblicken ihres gemeinsamen Walzers konnte er seinen Kopf wieder in die normale Tanzhaltung heben, rechts über seine Schulter schauen und darauf achten, dass sein rechter Oberarm, seine Schultern und der linke Oberarm möglichst eine Linie bildeten. So rauschten sie dahin, wobei die Schlitze in Nicoles Kleid eine hervorragende Hilfe waren. Schnell merkte er die Anstrengung und ließ etwas locker, bis er die hochmütigen, aber neugierigen Augenpaare der Profis sah, wenn er in deren Nähe „walzerte". Er dachte:

"Nun nur wieder den Körper straffen, denen werde ich´s zeigen!"

Dennoch entfernte er sich wieder von dieser Seite der Tanzfläche, strebte der entgegengesetzten zu und langte dort mit Nicole genau in dem Moment an, als Sharon den Walzer beendete.

„Wollen wir jetzt nehmen Platz?",

fragte sie wohl mehr aus Anstand und Rücksichtnahme auf ihn als älteren Herrn.

„Auf keinen Fall, liebe Nicole, der Abend fängt doch erst an! Übrigens, ich bin überrascht darüber, wie gut du tanzt. Hattest du eine Ausbildung oder dergleichen?"

Blöd, so zu fragen, dachte er gleich. Doch nun war es heraus, aber, noch viel wichtiger:
Sharon bereitete sich gerade wieder auf den nächsten

Titel vor. Sie konnten auf dem Parkett bleiben.

„Nee, nee! Tanze eenfach gern, hab selten ebe nur Gelegeheet. Mit dir geht gut!“

Der nächste Titel war nun einer, den er in seiner Gefühlswallung und aus welchen Gründen sonst auch immer partout nicht identifizieren konnte. Tatsächlich schaute er verstohlen zu den Profis, doch auch dort wurde offensichtlich noch gerätselt. Diese Mischungen aus Fox, Disko Fox und Jive waren einfach schrecklich, dazu die jeweils eigenwillige Auslegung der Band oder der Gesang wie der von Sharon. Er entschied sich nach anfänglichem kurzen Ruckeln und Trappeln auf der Stelle, bis sie wieder Tanzhaltung eingenommen hatten, für Disko Fox. Die Grundschrittfolge war einfach und er konnte seine legendären Wickelfiguren einsetzen. Auch hier war Nicole sofort dabei, sich in ihren betörenden Hüften schwingend. Auf die Schritte achteten sie gar nicht. Als er die Eingangsphase zur ersten Figur durch entsprechendes Heben des rechten Armes und Senken des linken Arms in Angriff nahm, war Nicole sofort auf dem richtigen Weg und drehte ein ins „Körbchen“ und ebenso elegant wieder heraus. Die schwierigeren Bewegungen begriff sie intuitiv und dank seiner engen Führung. Gezwungenermaßen tanzten sie in einigen Passagen sehr eng aneinander vorbei, was er sehr genoss und im weiteren Verlauf, des gelungenen Ablaufs nun gewiss, für zarte Berührungen und gehauchtes Liebkosen ausnutzte. Nicole ließ ihn gewähren. Sie war versunken im Tanz und sagte

„Schade!",

als der Mischtanz endete.

Ununterbrochen blieben sie auf der Tanzfläche, auch in den Augenblicken, in denen einzelne Gäste als Sieger irgendwelcher Sport-, Karaoke- oder Rätselwettbewerbe auf der Tanzfläche ausgezeichnet wurden und von Sharon in der Regel eine Flasche „Schampus" heruntergereicht bekamen. Ihr Einvernehmen war bestens, die Tanzhaltung wurde enger. Als sie sich wehren wollte, erklärte er ihr, dass man beim Gesellschaftstanz zwar die zueinander parallelen Schultern möglichst weit voneinander getrennt, aber in der Magengegend die Oberkörper ganz eng aneinander gepresst tanzen sollte. Außerdem müsse er mit seinen Knien anzeigen, was er wolle. Was auch die Füße machten, oben müssten sie stets eine ruhige Haltung einnehmen. In keinem Falle dürften ihre „Häupter“ hopsen!

Schließlich kam der Tango. Er rechnete schon den ganzen Abend damit, doch Sharon hatte sich den wohl bis zum Schluss aufgehoben. Was soll´s, sie waren in Argentinien, dem Land des Tangos. Auf jeden Fall wollte er sich in Buenos Aires eine originale Tangoshow ansehen. Zusammen mit Nicole natürlich. Neben Kap Hoorn war das für ihn ein weiterer ersehnter Höhepunkt schon vor Antritt der Reise. Als er noch mit seiner Frau aktiv tanzte, war der klassische Tango einer ihrer Lieblingstänze. Das war lange her, die Schritte und Folgen waren ihm damals schon schwergefallen, geschweige denn heute zu einem mehr oder weniger “reinen“ klassischen Tango. Unschlüssig machte er einen Disko-Einheitsschritt, Nicole folgte ihm artig, sagte aber bald:

„Mit diese Schritte Tango Argentina nicht wäre berühmt geworde!“

Das konnte er mit Wehmut nur bestätigen, denn Nicole hätte zur Freude aller, auch der gerade wieder lauernden Profis in ihrem schwarzen und passend geschlitzten Kleid eine hervorragende Tango-Tänzerin abgegeben. Sie waren sich schnell einig darin, während des morgigen Tages das 11:00 Uhr-Angebot zum Erlernen einiger Tangoschritte wahr zu nehmen. Glücklicherweise währte die Wehmut nicht lange an, denn „Sharon & the Halcats" bliesen zum Finale mit Cha-Cha und Jive. Frei von allen Folgezwängen bewegten sie sich, der bewundernden Blicke anderer Paare sicher, ausgelassen und athletisch über die Tanzfläche, als wäre dies schon seit Jahren ihr geliebtes gemeinsames Hobby. In dieser ausgelassenen Stimmung brachte er sie an ihre Kabinentür. Er hatte ihre Schuhe in der Hand, und sie hüpfte barfuß nebenher. Am liebsten hätte er sie in seine Arme genommen und wäre mit ihr in die Kabine gegangen. Sie sagte:

„Danke ich für eine wunder, wunderscheene Abend. So ich noch niemals getanzt. Danke!"

Sie nahm ihm die Schuhe aus der Hand, hob sich auf die Zehenspitzen und gab ihm wie im Film einen Jungmädchenkuss mitten auf seinen töricht geöffneten Mund. Auf dem Rückweg in seine Kabine stellte er fest, dass er über den gesamten Abend hinweg nicht ein einziges Mal an seine verstorbene Frau gedacht hatte.

Zum Frühstück fand er Nicole nicht, aber sie trafen sich um 11Uhr in Crow´s Nest auf Deck 12 zur Stunde des argentinischen Tangos. Die Tanzlehrer waren das argentinische Tanzpaar, welches für die Show am heutigen Abend schon angekündigt war. Sie kamen direkt aus Buenos Aires, die „Pampas Devils Gauchos". Beide waren klein an Körpergröße, aber groß in ihren rhythmischen Bewegungen. Die Tanzschüler lernten nicht mehr als einen Grundschritt, eine Drehung und eine Promenaden-Öffnung. Die attraktiven angedeuteten „Schläge der Füße" zwischen die Beine des Partners wurden zwar gezeigt, aber waren in 45 Minuten nicht erlernbar. Immerhin bekam er den Eindruck, dass die interessanteren Figuren durchaus mit ein wenig Zeit und Fleiß von ihnen beiden gelernt werden könnten. Das war ja schon ein Programm für die Zukunft.

Er würde mit Nicole darüber sprechen. Sie war heute unerwarteter Weise sehr einsilbig, als bereute sie den gestrigen Abend. Er musste nicht fragen, denn sie vertraute ihm auf dem Wege zum Restaurant Lido an, dass sie Nachricht von ihrem Mann bekommen hätte, aus der sie entnahm, dass es ihm wieder schlechter ginge. Das bedrücke sie. Deshalb möchte sie heute gerne allein sein. Morgen, in Montevideo, könnten sie wieder gemeinsam etwas unternehmen. Natürlich bekräftigte er sie in diesem Vorhaben, aber für heute lief nun alles anders aals erwartet. Alle reservierten Fragen mussten unbeantwortet bleiben. Zum Dinner erschien Nicole nicht. Lustlos ging er trotzdem zur Show des argentinischen Tanzpaares, einem inneren Zwang folgend, er könne sonst etwas Entscheidendes verpassen. Und tatsächlich präsentierten die beiden „Naturtänzer von den Straßen Buenos Aires" eine abwechslungsreiche, in Teilen volkstümliche Show mit sehr viel Rhythmus und Tanz. Als Höhepunkt zeigten sie eine gekonnte, selbst choreografierte und artistische Darstellung des argentinischen Tangos. Er musste Nicole darüber unbedingt berichten, denn am morgigen Abend sollten die beiden Künstler wieder auftreten. Dass sich Nicole Sorgen um das Wohl ihres Mannes im fernen Holland machte, erschien ihm inzwischen ganz normal.

Montevideo

Sie erreichten am Morgen des 19. Novembers Montevideo, die Hauptstadt eines der kleinsten Länder Südamerikas. 25°C und eine sehr geringe Regenwahrscheinlichkeit wurden vorausgesagt, leichte, luftige Kleidung angesagt. Wegen der noch offenen Einzelheiten ihrer geplanten Tour durch die Stadt und ihre Umgebung hatten sie darauf verzichtet, Badesachen mitzunehmen, es aber durchaus erwogen. Nicole benahm sich ihm gegenüber wieder wie in den letzten Tagen. Sie war freundlich, zutraulich und ihm offensichtlich zugeneigt. Vielleicht auch honorierte sie sein unaufdringliches und besorgtes Verhalten ihr gegenüber vom gestrigen Tag. In großer Eintracht bemühten sie sich um ein Taxi und einen Fahrer, der ihnen auch etwas über die Stadt, die er bisher nur über Kurt Götz und sein „Haus" ebendort kannte. Vom Berg allerdings, welcher der Stadt ihren Namen gegeben haben soll, war er bitter enttäuscht. In Deutschland würde diese kaum sichtbare Erhebung am Wasser nicht einmal als Hügel durchgehen. Nicole sah dies möglicherweise anders, wie offensichtlich auch die ersten Siedler, die sich „monte video" äußerten. Aber das alles war ja nur eine unwichtige Variante der Namensgebung für diese wunderschöne Stadt an einem Teilstück der fast 200 km langen schönen Strände entlang des Rio de la Plata.

Drei weitere Paare gesellten sich zu ihnen, darunter ein noch sehr jugendliches Paar, dessen männlicher Teil schon des Öfteren in den vergangenen Tagen auf dem Schiff bei den verschiedensten Gelegenheiten begehrliche Blicke auf Nicole geworfen hatte. Auf dem so glücklich und harmonisch verlaufenen Offiziersball war er deshalb diesem Paar, das sich ihnen einige Male wie zufällig genähert hatte, mit seiner schönen Tänzerin elegant entwichen. Glücklicherweise schien Nicole, auch eben heute, davon nichts zu bemerken. Sie wählten gemeinsam einen schicken Kleinbus, dessen Fahrer sie für einige Stunden durch Montevideo chauffieren würde und ihnen dabei auch eine Auswahl an Sehenswürdigkeiten mit entsprechenden Aufenthaltszeiten anbot. Es gelang ihm, Nicole so im bequemen Bus zu platzieren, dass zwischen ihr und dem „bösen" Mann maximaler Abstand war.

Bald zeigte sich, dass der dem ersten Anschein nach sehr zurückhaltende Fahrer des Kleinbusses ihnen eine ganze Menge über „seine" Stadt erzählen konnte, während er das große Fahrzeug mit traumwandlerischer Sicherheit durch die engen, vor allem aber sehr belebten Straßen der Altstadt Montevideos lenkte. Etwa so groß wie England sei Uruguay, habe ungefähr 3 Millionen Einwohner, deren größter Teil in Montevideo lebe. Viele Spanier, Italiener, aber auch Deutsche lebten in Uruguay. So wäre es nicht überraschend, wenn man sich hie und da auch in Deutsch verständigen könne. Englisch werde aber überall verstanden und auch ganz gut gesprochen. Nicole hatte sich während der kurvenreichen Fahrt hin und wieder an ihn geschmiegt, so dass ihm der erste Halt in Nähe des Unabhängigkeitsplatzes eigentlich nicht so gelegen kam. Sehr höflich, geradezu auffällig elegant half er Nicole aus dem Wagen, mit Genugtuung die hochgezogenen Augenbrauen des „Jungen“ registrierend. Ihr „Reiseführer“ hatte ihnen eine Stelle an der „Plaza Indepedencia“ gegenüber dem weltberühmten Solis-Theater beschrieben, an der sie sich in etwa einer halben Stunde wieder treffen wollten.

Endlich war er mit Nicole allein. Er nahm ihre Hand, sie ließ es geschehen. Hand in Hand gingen sie wie ein glückliches Liebespaar durch eine Fußgängerzone in Richtung der „Puerta de la Cuidadela“, bestaunten koloniale Gebäude, interessante Geschäftsauslagen, ein Bild von Napoleon Bonaparte an einer Hausecke, über dessen Funktion sie sich an Bord genauer schlau machen wollten. Sein Spanisch half ihm nicht nur, diese oder jene klärende Frage an Einheimische zu richten, sondern auch dabei, auf Nicole einen guten Eindruck zu machen. Gern wären sie in eines der vielen einladenden Restaurants und Cafés gegangen, doch die Zeit war zu knapp. Irgendwie verband sie dieser kleine Spaziergang durch diesen Teil der Altstadt von Montevideo in einer neuen engeren Weise. Als sie am Solis-Theater ankamen, hielten sie sich immer noch an den Händen. Zum zweiten Mal während dieser Fahrt konnte er an der Haltung des „Jungen“, der natürlich schon am Bus und ohne seine Frau wartete, größere Enttäuschung erkennen. Der „böse Junge“ schien nun zu resignieren. Das erkannte er daran, dass dieser plötzlich mit gestrecktem Hals und drehendem Kopf offensichtlich nach seiner noch nicht anwesenden Frau suchte. Zwei weitere Paare fehlten, also konnten sie noch einen kurzen Blick aus der Nähe auf das Solis-Theater werfen, die gewaltigen und doch zierlich wirkenden Eingangssäulen bestaunen. Seinen Namen erhielt das Theater in Gedenken an Juan Diaz de Solis, der im Jahre 1516 mit fast allen Mitgliedern seiner ersten spanischen Expedition längs des Nordufers des Rio de la Plata von Einheimischen umgebracht worden war. Leider gelangten sie nicht in das Innere des Theaters, weil der Zugang erst am Nachmittag möglich war.

Bevor sie den Hauptplatz der Stadt verließen, schauten sie sich noch einige wichtige Nationaldenkmäler Uruguays an, das höchste Gebäude der Stadt, den Palacio Salvo, den Palacio Estévez, der bis 1985 Regierungsgebäude war und wo heute noch offizielle Staatsveranstaltungen in den historischen Räumen stattfanden und die Statue von José Gervasio Artigas. Für den Besuch der Gebäude und der anliegenden vielen Museen war keine Zeit. Auf der „Avenida 18 de Julio“ fuhren sie, vorbei am berühmten Museo del Gauchos, dem Künstlermarkt, am Palacio Municipal und am Stadion, in Richtung der Maldanado Küstenlinie mit ihren feinen Stränden. Dort gab es tatsächlich schon einige Badebegeisterte, die sich in den Uferwellen tummelten. Wie gern hätte er hier einen längeren Halt gemacht, um sich mit Nicole in die Reihe dieser Strandurlauber einzugliedern, etwas abseits von diesen natürlich. Er unterdrückte diesen Gedanken jedoch tunlichst, denn Nicole war mit Sicherheit andere Luft- und Wassertemperaturen zum Baden gewöhnt.

Als sie schließlich nach mehr als 3-stündiger Rundfahrt wieder in der Nähe der Anlegestelle ihres Schiffes ankamen, war es später Nachmittag. Spätestens 17.30 Uhr Schiffszeit, in Uruguay war es eine Stunde später, mussten sie wieder an Bord sein. Sie trennten sich von den anderen, verabschiedeten sich herzlich vom Fahrer mit einem Extratrinkgeld und gingen noch in ein in der Nähe gelegenes Café, welches durch entsprechende Aushänge und Auslagen guten Kaffeegenuss versprach. Die wenigen hundert Meter zum Schiff gingen sie wieder Hand in Hand. Hungrig von der längeren Tour verabredeten sie sich für einen kleinen Imbiss im Lido.

Er hatte ursprünglich für den späten Nachmittag geplant, zusammen mit Nicole am angebotenen Kurs zum argentinischen Tango teilzunehmen, damit sie in Buenos Aires in einer der Tango-Shows wenigstens etwas mithalten konnten und er nicht Gefahr lief, Nicole sofort an einen der betagteren und doch gefragten Könner des argentinischen Tango zu verlieren. Im Lido wollte er mit ihr darüber reden. Ein Blick in das Tagesprogramm belehrte ihn aber sofort, dass der Kurs für sie nicht mehr erreichbar war. Also blieb für heute Abend nur noch fleißiges Üben in einer der Tanzbars. Vielleicht konnten sie die letzte „Abschieds Variety Show“ sogar überspringen, um sich unmittelbar nach dem Dinner zum Tanz in die Ocean Bar zu begeben? Doch es kam etwas anders.

Nicole fragte ihn während ihres Aufenthaltes im Lido in ihrem drolligen Deutsch-Holländisch, ob er nicht selbst den Tanzlehrer spielen könne, wenn der Kurs schon nicht mehr erreichbar wäre. Er hätte das doch früher alles gelernt. Seine Einwände, dass er bestenfalls den klassischen Tango noch etwas beherrsche, ließ sie nicht gelten.

„Er das schon könnte!“.

Sie packte ihn damit an seiner Ehre. In ihrem Zimmer wäre ein CD-Spieler, eine CD mit argentinischen Tangos hätte sie und

„ich sicher werde fleißig aufpasse un mich Mühe gebe!“.

Er seinerseits brauche noch ein paar Minuten,

nun ganz Profi, um sich die einzelnen Folgen in Erinnerung zu rufen und aufzuschreiben. Für den „Hausgebrauch“ würde das bestimmt gehen. Gegen 19:00 Uhr könne er bei ihr sein.

Der letzte Abend auf dem Schiff

Es war der letzte Abend auf dem Schiff. Er würde sie in ihrer Kabine besuchen. Solch eine Wendung hatte er niemals erwartet. Plötzlich erinnerte er sich wieder an sein stundenlanges erfolgloses Suchen nach ihrer Kabine, sein damit verbundenes unendliches Unglück. Nun hatte er praktisch eine persönliche Einladung dorthin. Sicher, er durfte ihr Vertrauen in ihn niemals enttäuschen, musste sich beherrschen, diese verlockende Situation nicht zu missbrauchen. Am besten war es, den Abend so normal wie nur möglich zu verbringen und abzuwarten, wie es sich entwickelte. Dennoch legte er größeren Wert als sonst auf seine Toilette, kleidete sich sportlich leger und frisch ein, um sowohl den tänzerischen Anforderungen als auch der Kleiderordnung beim Dinner zu genügen. Heute war glücklicherweise „leger" angesagt.

Fünf Minuten vor Sieben klopfte er an ihre Tür, eine kleine Flasche Pisco, zwei Zitronen und eine Wasserflasche in einem Beutel der Holland-America-Line unterm Arm. Während er an der Tür wartete, schaute er interessiert auf den kleinen Koffer, den sie schon vor die Tür gestellt hatte. Um Mitternacht wurden die Koffer zur morgigen Ausschiffung von den Kabinen geholt. „Erstaunlich wenig“, dachte er. Sicher besteht die Hälfte des Inhalts nur aus Papier, nämlich aus ihren Aufzeichnungen für den Mann in Holland. Als er gerade darüber nachdachte, wann er seinen etwas größeren Koffer packen wollte, öffnete sie in einem Nichts an Kleid die Tür. Alles an ihr strahlte und duftete. Es war immer wieder eine neue Überraschung. Beinahe stolperte er über eine neugierige Ecke des kleinen Koffers, als er unbeholfen, seinen Beutel mit den Mitbringsel wie ein Baby vor der Brust schützend, dicht an ihr vorbei in den kleinen Korridor trat. Das bequeme Doppelbett wurde nur von den Leselampen am Kopfende bestrahlt, der kleine Tisch der Sitzgruppe zur Rechten war gedeckt mit einigen Snacks aus dem Lido, zwei Gläsern, einer offenen Flasche Rotwein und zwei heimelig flackernden elektrischen Teekerzen. Dazu lag ein betörender Duft in der Luft, der seiner Vorstellungskraft von den schönsten Düften Indonesiens alles abverlangte. Das hier war geradezu ein Häufungspunkt der schönsten Düfte aus der ganzen Welt.

„Was du gebracht hast?“

fragte sie sogleich auf seine Brust zeigend, die immer noch von dem Allerweltsbeutel bedeckt war, der nun überhaupt nicht in dieses Ambiente passte. Beinahe hätte er ihn fallen lassen, aber es gelang ihm rechtzeitig, den Inhalt auf dem Toilettentisch zur Linken auszubreiten.

„Oh, scheen! Aber was ist das in Flasche?"

„Das ist ein Pisco, den ich in Chile für genau einen solchen Abend mit dir heimlich gekauft habe, obwohl ich noch gar nicht wusste, ob es jemals einen solchen Abend geben wird. Wenn du möchtest, machen wir daraus einen Pisco-Sour. Die wesentlichen Dinge habe ich dabei".

„Ich immer neugierig. Aber erst einen Schluck Wein trinken, habe bekommen ihn von Landsleute, oder wie sagt man?"

„Landsleute ist richtig. Muss ich eifersüchtig sein?",

fragte er unangepasst neckisch.

„Nee, nee! Du hast keine Grund und keine Anspruch",

dabei verdrehte sie schelmisch ihre Mandelaugen.

Sie nahmen an dem Tischchen Platz, er auf dem schmalen Sofa, das wie in seiner Kabine exakt an die Wand zum Badezimmer passte, sie auf einem der beiden gepolsterten Sessel. Die Prozedur ihres Platznehmens konnte er sich unmöglich in voller Länge ansehen, die faszinierenden Ein- und Ausblicke machten ihn schwindelig. Mit ruhiger Hand füllte sie die Weingläser zur Hälfte, reichte ihm eines, nahm das andere und prostete ihm zu mit den Engelsworten:

„Auf unser Kennenlernen trinke ich. Und die schönen Stunden, die du mit mir gemacht hast. Und auch Dank schon jetzt für deine Mühe als Tänzerlehrer!"

Sie stießen ihre Gläser mit hellem Klang an und nahmen einen angemessenen Schluck. Der Wein war köstlich, jedenfalls in diesem Moment. Auch die kleinen und ihm aus dem Lido bekannten Knabbereien schmeckten ihm hier deutlich besser als oben. Er musste aber seinen Schmaus unterbrechen, denn sie erinnerte ihn durch aufgeregtes und aufregendes Ruckeln in ihrem Sessel an seine eigentliche Aufgabe. So verlor er sich einige

Augenblicke in allgemeinen Äußerungen zum Tango, besonders zum argentinischen Tango.

Das Grundprinzip wäre eigentlich gar nicht so schwer, man müsse nur konsequent von 1 bis 8 zählen, die einzelnen Schritte und Figuren wären genau darauf abgestimmt. Keine Angst, so viele kenne er nicht. Man „marschiert" einfach darauf los, von 1 bis 8 und das immer wieder. Dazu gehört natürlich die stolze Haltung, der hoch erhobene Kopf, die geraden Schultern. Für sie wäre das aber sicher kein Problem, das könne sie von Haus aus. Sie sei eben in jeder Hinsicht ein Naturtalent. Auch habe er schon bemerkt, dass sie sich sehr gut seinen unmerklichen „Befehlen" mit Oberschenkel, Knie oder Arm füge, ohne das als Gängelung aufzufassen oder gar beleidigt zu sein. Sie hörte zwar zu, zunehmend aber gelangweilt und drängelte, doch nun endlich mit der praktischen Übung zu beginnen. Sie erhoben sich. Er zeigte die ersten 8 männlichen Grundschritte mit rechts beginnend, (1) gerade nach hinten, (2) nach links hinten , (3) am linken Fuß vorbei schräg nach vorn und (4) mit links neben den rechten Fuß gerade nach vorn, (5) nach rechts und Gewicht auf den rechten Fuß, dann links gerade vor (6), mit rechts nach rechts (7), links ran und Gewicht auf links (8).

Der rechte Fuß ist dann wieder „frei".

Die einzelnen Schritte musste er sehr klein wählen, denn er war an die Zimmerbreite gebunden. Zur Demonstration ihrer Schritte änderte er die Richtung des „Marschierens", um den kleinen Gang zwischen Bad und Einbauschränken sinnvoll mit einzubeziehen und damit gute zwei Meter mehr Länge zu haben. Also, für die Dame, (1) links gerade vor, (2) rechts zur Seite, (3) links schräg nach hinten, (4) mit rechts gerade nach hinten, (5) links vor gekreuzt, (6) rechts hinten gedreht, (7) links vor und nach links mit Gewicht, (8) rechts ran mit Gewicht.

Bis (4) war alles kein Problem. Auch (5) gelang. Aber die Drehung zu (6) machte Sorgen, obwohl er der Meinung war, dass er sie schon richtig „hindrehen" würde. Sie wollte es aber allein können. Also bemühte er sich, sie an den Hüften so zu bewegen, dass sie ein Gefühl für die Drehung bekam. Er bekam bei der ersten nahen Berührung ihres Körpers ganz andere Gefühle. Immerhin gelang es ihnen, diese ersten 8 Schritte erst allein zu tanzen und dann zu zweit ohne nennenswerte Unterbrechungen. Häufiger als nötig steuerte er dabei in den schmalen Gang, weil dort der Körperkontakt zwangsläufig besonders eng sein musste. Sicher bemerkte sie diese dreisten Bemühungen, doch sie ließ sich nichts anmerken. Eine Stunde war wie im Fluge um. Zum Dinner würden sie sich verspäten. Und doch kam er ihrer Bitte nach, diese 8 Schritte zum Abschluss noch einmal mit ihrer Musik zu tanzen. Sie übten es drei Male. Es wurde zusehends besser. Vor Freude darüber umarmte sie ihn und küsste ihn impulsiv auf die Wange. Diese war bis zum Erreichen ihres Tisches im Dining- Restaurant noch lustvoll gerötet.

Das Dinieren war am letzten Abend keine besonders gemütliche oder gar besinnliche Angelegenheit. Es wurde schnell gegessen, der Wein hastig getrunken. Beide waren getrieben von dem dominanten Wunsche, schnellstens wieder zu ihrer Tanzstunde zu kommen. Durch seinen Kopf ging außerdem hin und wieder flüchtig die Frage, wann er seinen Koffer packen könne. Beide hatten sich geeinigt, die heutige Abendshow einfach ausfallen zu lassen. Von innerer Unruhe, Eile und dem schnell getrunkenen Weine erhitzt, kamen sie schon vor 9 Uhr abends wieder in ihrer Kabine an. Das Dinner währte also weniger als 1 Stunde, ein negativer Rekord unter ihren bisherigen. Sogleich wurden die ersten „Acht“ wiederholte Male mit Musik geübt. Die Sicherheit in den Schritten wuchs. Alle ängstlichen Blicke zu den Füßen, die in Erwartung eines Fehlers verspannte Haltung des Körpers ließen nach und wichen einem hingebungsvollen Wiegen im Rhythmus des argentinischen Tangos. Zwanglos kamen sie sich körperlich näher.

„Das schon sehr gut geht“, sagte sie plötzlich.

„Das wir könne schon probiere oben in der Bar. Dort mehr Raum!“

Außerdem war es beider Wunsch, sich noch einmal frisch zu machen und noch „passendere Garderobe“ für ihren Tango anzuziehen, was das auch immer heißen mochte. Bald würde er es sehen. Bis dahin hatte er aber unbedingt noch seinen Koffer zu packen. Das alles müsste in der halben Stunde, die sie sich gegeben hatten, erreichbar sein. So war es auch. Als er fünfzig Meter vor ihrer Kabinentür auf dem sehr langen Kabinengang war, kam sie schon heraus und ihm entgegen. Abrupt blieb er stehen, er traute seinen Augen nicht. War das „seine“ Nicole, die ihm da entgegen kam, oder war das ein Model aus einer berühmten Tango-Show? Woher hatte sie plötzlich neben all der Garderobe, die er bisher schon gesehen hatte, dieses auffällige rote Kleid mit dem abenteuerlichen Ausschnitt und den raffinierten Schlitzen ringsum? Sie hakte sich bei ihm ein, drehte ihn um, und sie gingen zum Lift.

In der Ocean-Bar war noch genügend Platz, wohl weil die Show noch in vollem Gange war. Sie konnten sich einen lauschigen Eckplatz in einiger Entfernung von der Band aussuchen. Er fürchtete, die Truppe würde sich nun ständig verspielen, denn die Augen der drei Musiker hingen an seiner Dame und weniger an den Noten, die sie glücklicherweise wohl gar nicht brauchten. Er bestellte zwei Drinks und blickte sich im kleinen Saal um. Die Profis waren noch nicht anwesend, würden aber bald kommen. Dessen war er sich sicher. Er bemerkte drei weitere Pärchen, zwei einzelne Frauen und an einem Tisch in größerer Entfernung vier heftig diskutierende Männer. Nicole hatte nach einigem Zupfen an der Frisur und an ihrem Kleid die endgültige Sitzposition gefunden und sah ihn mit strahlenden und erwartungsvollen Augen an. Leider spielte die Band alles andere, nur keinen Tango. Sie spielten irgendwelche Hits von „großen" italienischen und amerikanischen Sängern. Eine Weile ging das gut. Sie hatten ja ihren Drink und die Möglichkeit, schwierige Passagen innerhalb der „Acht“ noch einmal in Gedanken durchzugehen. Das konnten sie auch auf der Tanzfläche zu Disco Fox, Jive und Blues tun, aber Nicols Augen verloren zunehmend den erwartungsvollen Glanz. Sie war voll und ganz auf Tango fixiert. Ihm blieben zwei Möglichkeiten. Entweder er überzeugte die Band davon, dass heute am „Vorabend von Buenos Aires“ eigentlich nur Tango gespielt werden müsse, oder sie müssten zurück zu ihrer eigenen Tanzstunde. Der Bandleader ließ mit sich reden.

Ihre eigene Show begann.

Nicoles Schönheit, ihr atemberaubendes Tango-Kleid und die Art und Weise, wie sie ihren Körper bewegte, im glücklichen Übermut den Kopf an den richtigen Stellen zurück oder zur Seite warf, machten offensichtlich einen so professionellen Eindruck, dass sich am Eingang zur Bar einige neugierige Zuschauer versammelten und den Profis den Weg versperrten, die wohl gerade aus der Show kamen. Damit füllte sich natürlich auch die Tanzfläche, raumgreifende Schritte waren nicht mehr möglich, die heimlichen Zeichen der Körper auf engstem Raum standen nun im Mittelpunkt. Diese Form des Erlernens des argentinischen Tangos war ihm noch viel angenehmer. Nicole ließ sich willig darauf ein. Er meinte sogar zu spüren, dass sie seine Zeichen beantwortete. Irgendwann ließen sie die korrekte Tanzhaltung fallen und tanzten eng umschlungen frei nach den gemischten Tanzrhythmen, wie es ihnen jeweils der Platz auf der Tanzfläche und ihre tänzerische Eingebung erlaubten. Wieder war sie es, die diesen Abschnitt des wunderschönen Abends beendete.

„Es ist hier schön, tanzen mit dir macht Spaß. Aber ich möchte noch mehr von dir vom Tango. In Buenos Aires ich muss mehr können!"

Durch ein blitzendes Spalier von vor allem enttäuschten Männeraugen verließen sie die Bar und gingen zurück zu Nicoles Kabine. Dort fiel ihm sofort auf, dass er seinen Pisco noch nicht zur Anwendung gebracht hatte. Sogleich wurden zwei Gläser mit „etwas" Pisco aus der Originalflasche, Zitronensaft, Sodawasser und einigen Eisstückchen gefüllt, während wieder die vertraute Tangomusik aus dem CD-Spieler ertönte. Der „Aperitif" vor dem Dinner, der „schnelle" Wein zum Dinner, das Bargetränk und der selbst gemachte Pisco-Sour hier zum argentinischen Tango führten bei beiden zu einer selig ausgelassenen Stimmung. Er hatte zwar noch einige Figuren wie Drehungen für die Dame, den „Gaucho“-Schlag und den „Sandwich“ durchaus parat, aber Kopf und Fuß wollten bei beiden nicht mehr so richtig reagieren. So blieb es schließlich wie am Anfang bei den sicheren „Acht“. Aber auch diese wurden zunehmend unsicher, weil wohl offensichtlich der Tanz nicht mehr so ganz im Mittelpunkt der Gedanken der Tänzer stand. Bei seiner Rückkehr aus dem engen Gang zwischen Bad und Einbauschränken in Richtung des großen, bequemen Doppelbetts wurde der sechste Geradeaus-Schritt von ihm so forsch ausgeführt, dass Nicole rücklings auf eben dieses Bett fiel und er über sie hinweg. Dabei verrutschte das Wenige, was sie am Körper trug und gab große Teile desselben in seiner schimmernden hellbraunen Farbe preis. Sein Kopf lag an ihrem Hals, zwischen Schulter und ihrer rechten Wange, was ihn urplötzlich dazu ermutigte, diese Teile ihres Körpers zu liebkosen und mit Küssen geradewegs zu überdecken. Sie beteiligte sich leidenschaftlich. Ihr „machen wir morgen Tango“ erstarb in den hitzigen Umarmungen, den erfolgreichen Befreiungsversuchen von jeglichem Ballast und schließlich in einer von beiden Seiten mit größter Leidenschaft geführten Vereinigung.

Erwachen in Buenos Aires

Als er am nächsten Morgen mit brummendem Schädel erwachte, hatte er noch den Geruch ihrer Haut, den Geschmack ihrer Lippen und die edle Weichheit ihres Körpers in so lebhafter Erinnerung, dass er sie im ersten Moment in seinem Bett suchen wollte. Natürlich war sie nicht hier, sondern in ihrer Kabine. Am frühen Morgen hatte er sie widerstrebend, aber einsichtig verlassen. Sie wollten mit der letzten Gruppe um 10:00 Uhr von Bord gehen, mit dem Gepäck zunächst in ihr Hotel fahren und dann alles Weitere besprechen. Er hatte sich etwas verspätet, fand sie in den angegebenen Wartebereichen nicht. Sicher war sie schon zum Ausgang des Schiffes gegangen. Dort war sie auch nicht. Sollte sie ihn ihrerseits suchen, war sie vielleicht sogar zu seiner Kabine gegangen? Er stürmte mit seinem Handgepäck nochmals nach oben zu seiner Kabine. Dort war schon der Steward bei der Reinigungsarbeit und hatte niemanden gesehen, natürlich. Also wieder zurück! Da fiel sein Blick auf das Kuvert in seinem Postfach an der Tür, einen Brief von der Holland-America-Line. Automatisch steckte er den Brief in seine Tasche und verließ das Schiff wie im Trance.

Zwei Stunden später, im Hotelzimmer angekommen, ließ er sich auf sein Bett fallen und weinte, schluchzte hemmungslos. Wieso nur konnte sie ihn plötzlich und ohne Erklärung so in Stich lassen? Was hatte er falsch gemacht? Sie schieden doch im besten Einvernehmen. Plötzlich kommt ihm ein ganz furchtbarer Gedanke. Ist ihr möglicherweise etwas passiert und sie hatte keine Gelegenheit mehr, ihn zu informieren? Dann hätte sie aber doch irgendetwas veranlassen können, über einen Steward oder die Rezeption zum Beispiel. Doch zugleich wird ihm klar, dass ihre Beziehung ja bisher eine ganz private und für die Öffentlichkeit völlig unbekannte war, die keinen Anlass gab, einen Fremden wie ihn über alles zu informieren, was mit Nicole geschah.

Es war schon dunkel in Buenos Aires, der Stadt mit dem riesigen, eine ganze Hauswand füllenden Bild von Evita Perron, der Stadt mit über 1000 Cafés und des argentinischen Tango , als er sich einigermaßen beruhigt, aber noch immer nicht in sein Schicksal ergeben hatte. Wiederum fallen ihm seine unglücklichen Suchaktionen auf dem Schiff ein, seine Verzweiflung und seine Enttäuschungen. Doch damals war er ja noch nicht einmal mit Nicole bekannt. Heute war er davon überzeugt, dass er

Nicole über alles liebte, dass er durch sie sogar die quälenden Erinnerungen an seine verstorbene Frau vergessen konnte. Umso größer waren sein Schmerz und seine momentane Verzweiflung.
Er musste sie unbedingt wiederfinden. Doch seine Hoffnung war gering. Es war ihm auf dem vergleichsweise kleinen Schiff nicht gelungen, wie sollte er sie in einer Millionenstadt wie Buenos Aires finden, ohne jeglichen Hinweis, ob sie überhaupt noch hier war oder wo sie gegebenenfalls ein Hotel gefunden hatte.

Er musste zum Schiff zurückgehen und dort nachfragen, ob etwas über die Pläne von Nicole bekannt war. Zum Beispiel könnte er fragen, wann sie das Schiff verlassen hatte, wann sie zurück nach Europa fliegen würde, ob sie sich irgendeiner Reisegruppe angeschlossen hatte, wie überhaupt ihre Personalien sind. Ihm wurde klar, dass er außer ihrem Namen und sehr oberflächlichen Informationen über ihre Hobbys, ihren Mann in Holland und ihre Heimat Indonesien überhaupt nichts wusste. Dennoch, er musste alles versuchen. Wenn er auf dem Schiff nichts erfuhr, könnte er immer noch zum Flughafen fahren, um nach ihr unter irgendeinem Vorwand als Fluggast zu fragen.

Sein Gemütszustand besserte sich schlagartig, er hatte wieder eine Aufgabe. Umgehend kleidete er sich für seinen „Ausflug“ zum Schiff beziehungsweise zum Flughafen an, nahm seine Papiere, sein gesamtes Barvermögen und sein Handy aus der Tasche. Dabei fiel ihm der Brief von der Holland–America–Line wieder in die Hände.

Von innerer Vorahnung getrieben, öffnete er den nicht verklebten Brief hastig. Er enthielt nicht irgendwelche Abrechnungen, wie er noch an Bord vermutete, sondern zwei A4-Bögen dicht mit Hand beschriebenes weißes Papier von Nicole. Diese naheliegende Variante hatte er überhaupt nicht in Betracht gezogen. Wie dumm bin ich nur gewesen, dachte er. Wieder einmal.

Natürlich!

Irgendetwas Überraschendes war eingetreten. Sie hatte ihm den Brief sofort zustellen lassen, wartete vielleicht ihrerseits nun irgendwo dringend auf seine Antwort. Er streckte sich lang auf dem Bett aus und las, anfangs den Text hastig überfliegend, um schnelle Antwort auf seine quälenden Fragen zu erhalten, dann ihn immer wieder gründlich lesend, Wort für

Wort, Satz für Satz. Schließlich gab es keinen Zweifel. Nicole hatte ihn im Sturm erobert und nun endgültig und ebenso stürmisch wieder verlassen. Eigenartigerweise bewirkte ihr in unsicherem Deutsch verfasster Abschiedsbrief nicht, dass er in tiefen Schmerz verfiel. Sie hatte einen Ton gefunden, mit dem er gut umgehen konnte.

Schon die Anrede „Mein Liebster“ tat ihm in ihrer Klarheit und Einfachheit gut. Während der Dinner-Gespräche an ihrem gemeinsamen Zweier-Tisch hatte sie ihm schon einige, wie er ihr übrigens auch, Einblicke in ihre Jugend in Indonesien, ihre Familie und auch unzweideutig in ihre erste große Liebeserfahrung gegeben. Über drei Jahre lang war sie mit ihrem indonesischen Lebensgefährten im Studium der Kunstgeschichte zusammen. Sie planten einen gemeinsamen beruflichen Werdegang an der Uni. Zwischen ihren beiden Familien hatten sich feste Kontakte entwickelt. Alle freuten sich auf eine baldige Hochzeit, zumal das junge Paar besonders für Nicoles Familie umfassende Unterstützung leistete. Aus gesundheitlichen Gründen konnten Nicoles Eltern die Betreuung ihres Hauses nicht mehr allein leisten und kaum für sich selbst sorgen. In der Großfamilie war dies bestens geregelt. Die sich über alles liebenden jungen Leute waren in beiden Familien jeweils so aufgenommen wie ein eigenes Kind. Nicole hatte ihm das zwar bei ihren ersten Gesprächen angedeutet, aber erst in ihrem Brief so ausführlich beschrieben. Für sie gab es keinen anderen Mann als diesen. Er registrierte mit trockenen Augen, dass er mit seiner Frau Ähnliches erlebt hatte. Dann geschah für Nicole das Furchtbare.

Am 11.September 2001 kam ihr künftiger Mann während einer Studienreise beim Terrorangriff auf New York ums Leben und hinterließ zwei grausam betroffene Familien, zwei von über 2000 weiteren betroffenen Familien. Nicole wollte ihrem Leben ein Ende setzen, aber die Sorge um ihre Familie hielt sie davon zurück. Ihr Vater starb. Die Kontakte zwischen den ehemals so eng befreundeten Familien wurden geringer. Nicole unternahm alles, um ihre Mutter zu unterstützen. Sie leistete Übersetzungsarbeiten, machte Führungen, half in der Uni bei der Korrektur von Klausuren aus, arbeitete in Museen bei deren Gestaltung und Erneuerung. Es waren sehr, sehr schwere Jahre. Schließlich lernte sie den ledigen holländischen Kunstprofessor kennen, der eine Gastvorlesung an der Uni hielt und sie bat, seine Vorlesungsmanuskripte im Hinblick auf die

Studentenschaft und deren Vorkenntnisse mit ihm zusammen durchzusehen, und ihm auch bei der Vorbereitung von Fach-Kolloquien zu helfen. Sie tat das mit großem Eifer. Er honorierte es großzügig und leistete zunehmend auch Hilfe für ihre nun klein gewordene Familie.
Anfangs mochte sie dies nicht, weil sie sich nicht in die Schuld dieses Mannes begeben wollte. Doch seine Haltung ihr gegenüber war so tadellos und anständig, und nicht an irgendwelche Bedingungen geknüpft, dass sie sich darauf einließ. Schließlich ließ sie sich auch darauf ein, ihm als wissenschaftliche Assistentin nach Holland zu folgen, um von dort aus mit ihrem Verdienst ihre Mutter regelmäßig und noch besser zu unterstützen.

Bei der gemeinsamen Arbeit an unterschiedlichen Forschungsprojekten in Holland und auch im Ausland „lernten sie sich lieber kennen", wie Nicole in ihrem Brief schrieb. Immer größere und eigenständig zu bearbeitende Themen wurden Nicole übertragen, Teile der Freizeit verbrachten sie gemeinsam. Trotz des großen Altersunterschiedes, Nicole war 25 Jahre jünger, wuchs aus der gegenseitigen Achtung und der guten Zusammenarbeit im Beruf eine Zuneigung, die schließlich auch die Grenzen eines platonischen

Miteinanders („hatten unsere Liebe auch ohne Körper“) durchbrach. Mindestens einmal im Jahr besuchten sie ihre Mutter in Indonesien, die auch schon in Holland zu Besuch war. Geheiratet hatten sie noch nicht, das sollte aber bald folgen. Ihre „Hochzeitsreise“, die Kreuzfahrt um Kap Hoorn, sollte dafür der Auftakt sein. Leider musste Nicole wegen der Erkrankung ihres Mannes diese Fahrt allein antreten. Das wusste er ja schon.

Die Anrede „Mein Liebster“ passte nicht so direkt in diese Schilderungen. Doch Nicole wiederholte diese sehr intime Äußerung gegen Ende des Briefes. Neben ihrer großen Jugendliebe wäre er, der unbekannte Deutsche, der einzige Mann in ihrem Leben gewesen, zu dem sie sich auch körperlich völlig hingezogen fühlte.

„Ich möge deine Körper mit Haare und Haut, oder wie wird gesagt…?“

In dieser einzigen Nacht mit ihm auf dem Schiff von Montevideo nach Buenos Aires hätte sie beinahe ihr Gewissen und die ehrlichen Gefühle ihrem Mann in Holland gegenüber verraten. Nun wüsste sie aber, dass es nicht allein auf Sexualität ankommt, sondern auf „viele andere, gewachsene Sachen“. Sie werde ihn niemals vergessen, aber ihn eben nur wie einen schönen Traum bewahren. Sehen werden sie sich nicht wieder, darum bitte sie herzlich. Wie sie aus ihrer Jugendzeit habe auch er ja solche Träume aus der Zeit mit seiner verstorbenen Frau. Er müsse seine Frau sehr geliebt haben, denn er habe ihren Namen geflüstert, als er mit ihr in der letzten Nacht auf dem Schiff zusammen war.

„Mich erst furchtbar hat das geschockt!“,

aber sie habe es schließlich verstanden, weil auch sie die alten Träume oft einholten.

„Das Leben ist viel mehr!“

Diese Einsicht hatte ihr geholfen, von ihm endgültig Abschied zu nehmen. Den Rest der Nacht hätte sie

„Papier beschriebe, geschriebe und geschriebe“,

den Brief einem Steward mitgegeben und als eine der Ersten das Schiff verlassen.

„Mein Liebster, für mich du bist ein schöner Traum und wirst es bleiben!“

Über den Autor

Der Autor wurde im Dezember 1939 in der Blumenstadt Erfurt geboren. Von diesen Blumen sah er wenig, aber sie verursachten wohl unmerklich eine starke Zuneigung zur Natur und deren Beschreibung in Wort und Bild. So übte er sich schon sehr zeitig an kleineren Geschichten und Aufsätzen zur Stadtgeschichte über die schulischen Anforderungen hinaus, aber auch durch die Teilnahme an altersgemäßen Mal-Wettbewerben mit teilweise größerem Erfolg. Doch im Rahmen seiner schulischen Lieblingsfächer Mathematik, Deutsch, Kunst und Fremdsprachen entschied er sich schließlich für ein Studium der Mathematik. Diese durchaus fantasievolle Strukturwissenschaft enttäuschte ihn nicht und beschäftigte ihn sein gesamtes Berufsleben in Niedersachsen, in eigener Anstrengung aber auch durch die Weitergabe seines Wissens an die Jugend. Es ließ sich nicht ausschließen, dass er in dieser langen Zeit oft gehalten war, in vielfältiger Form über sein Fach beziehungsweise innerhalb seines Faches zu schreiben und zu veröffentlichen. Beispiele dafür sind Fach- und Schulbücher, Vorlesungen und Vorträge. Auch Übersetzungen in diesem weiten Feld waren zu leisten. Darüber hinaus brachten das private Umfeld und die vielen Reisen, die er zusammen mit seiner Frau unternahm, durchaus Anforderungen, sich durch Wort und Schrift in besonderer Weise zu äußern. So entstand eine ansehnliche Sammlung von Ideen, Gedichten und Geschichten, die er nun im fortgeschrittenen Alter realisieren und weitergeben möchte.

„Kap Hoorn – Sturm und Leidenschaft" ist ein erster Versuch.

Ich danke

... besonders meiner lieben Frau, die meine zeitaufwändige Schreibarbeit nicht nur wohlwollend unterstützt, sondern für alle Fragen Verständnis und eine helfende Hand hatte,

... Kerstin Bumiller und dem Verlag AH Tales & Stories für die unermüdliche Unterstützung bei der Textgestaltung, der Erfüllung meiner diesbezüglichen Wünsche und der Gesamtherstellung des Manuskripts in einer geradezu atemberaubenden Geschwindigkeit.

Peter Forrest